B2B Digitalization &
Supply Chain Finance

产业互联网与供应链金融

沈亦文 ◎著

机械工业出版社
CHINA MACHINE PRESS

图书在版编目（CIP）数据

产业互联网与供应链金融 / 沈亦文著 . —北京：机械工业出版社，2023.3
ISBN 978-7-111-72666-1

I. ①产… II. ①沈… III. ①互联网络 - 产业发展 - 研究 - 中国 ②供应链管理 - 金融业务 - 研究 - 中国　IV. ① F426.67 ② F252.2

中国国家版本馆 CIP 数据核字（2023）第 028964 号

产业互联网与供应链金融

出版发行：	机械工业出版社（北京市西城区百万庄大街 22 号　邮政编码：100037）			
策划编辑：	石美华		责任编辑：	石美华　岳晓月
责任校对：	龚思文　张 薇		责任印制：	张 博
印　　刷：	保定市中画美凯印刷有限公司		版　　次：	2023 年 5 月第 1 版第 1 次印刷
开　　本：	170mm×230mm　1/16		印　　张：	15.75
书　　号：	ISBN 978-7-111-72666-1		定　　价：	79.00 元

客服电话：（010）88361066　68326294

版权所有·侵权必究
封底无防伪标均为盗版

谨以本书献给帛锐国际的各位同事与合作伙伴，
感谢你们的辛勤付出与努力，
期待与你们携手并进，共创美好未来。

特别感谢合伙人周红霞女士，
在本书编辑过程中给予我很多建议与帮助。

谨以本书献给我的孩子思恺，
希望本书可以启迪你对互联网时代和金融资本的认识。

| 前 言 |

从"互联网+"到"产业链+":
企业家们,你们准备好了吗

消费互联网前所未有地拉近了企业与消费者之间的距离,推动了消费升级;产业互联网则助力实现整个产业链的整合升级。如果说,从前的企业家是生产什么卖什么的产品代言人,那么今天的企业家则要成为用户需要什么就生产什么的用户代言人。消费互联网的成功其实拉开了产业互联网的序幕,因为用户的消费升级必将倒逼产业链整合升级,最终实现消费升级带动产业升级、产业升级促进消费升级的良性循环。

如果我们把互联网上半场的消费互联网称为"互联网+",那么下半场的产业互联网则应该称为"产业链+"。

互联网正在从上半场的消费互联网快步进入下半场的产业互联网。这一迅猛发展的过程,其本质是由互联网推动的消费升级带动产业升级的发展过程,也是很多国家(尤其是发展中国家)产业结构调整升级的过程。

产业互联网正在深刻影响着每个传统产业的转型升级，并带来了巨大的发展机遇。然而，准确把握这次机会，找到正确的发展模式，改变自己陈旧的知识与理念，对于许多传统企业家来说都是巨大的挑战。

产业互联网对于很多传统企业家而言，依然是一个陌生的名词。很多企业家对于产业互联网的认知仅仅停留在消费互联网时代的电商层面，更分不清产业互联网与工业互联网、ERP、办公自动化、电子采购系统或电子订单系统之间的巨大差异。他们没有意识到，产业互联网的本质并不是消费互联网时代的电商，更不是办公自动化或工业数字化，而是供应链管理与产业生态圈赋能。产业互联网的发展过程是核心企业搭建共生共赢的产业生态圈，推动产业链整合升级，实现数字化平台化跨越式发展的过程。

在这个产业链整合升级的时代浪潮中，每个传统产业与传统企业都在经历深刻的变革，要么被整合，要么成为新的整合者。

产业互联网时代是核心企业的时代，是整合者的时代。每个行业都会涌现出新的核心企业与领军企业，它们通过产业互联网赋能体系来推动整个供应链与产业链的整合升级，并迅速实现数字化平台化的跨越式发展。应该说，目前是核心企业搭建产业生态圈、驱动产业链整合升级的最佳时机。

在我看来，产业互联网时代的核心企业与领军企业并不一定是行业里最具规模的龙头企业，但它一定是能够整合资源、具有产业生态圈赋能思维与互联网创新力的企业。

事实上，很多行业的大型龙头企业虽然具有很多资源与规模优势，但由于缺乏创新的动力和自我革命的勇气，故步自封，反而失去了产业互联网所给予的产业链整合升级的最佳时机。这就是所谓的"资源诅咒"。

与之相反，很多行业里规模并不大的企业，甚至在很多人眼里缺乏足够的资源与规模的企业，反而勇于创新与突破，它们以合作共赢、开放生态的全新的产业互联网商业模型，实现产业的整合升级，在短短两三年时间里快速超越了很多行业龙头企业，达到了后者数十年都无法企及的规模与高度。

一个真正成功的产业互联网企业家，不仅要懂产业互联网，还要懂消费互联网，而且能将两者很好地结合在一起。只有这样，他才能实现从产品代言人向用户代言人的转型，这无疑给传统企业家提出了更高的要求。同样地，一个成功的消费互联网企业家，不仅要懂消费互联网，还要懂相关的产业互联网，知道如何推进供给侧结构性改革，让传统产业链实现整合升级，从而更好地满足用户消费升级后的需求。

消费互联网与产业互联网之间完全不同的属性，以及复杂的产业专业性所形成的高准入门槛，使得在消费互联网领域取得巨大成功的互联网科技巨头，并不能够轻而易举地取代传统企业成为产业互联网领域的核心企业与领军企业。这恰恰为传统企业家提供了实现产业互联网战略转型的有利条件。不过，消费互联网的科技巨头也在迅速转变自身的发展方式，从产业颠覆者与替代者转变为产业赋能者；它们与传统行业的龙头企业强强合作，形成优势互补，建立多形态的合作联盟共赢机制，将自身在互联网领域的科技与基因赋能给传统企业，帮助它们借助互联网实现产业整合升级的跨越式成长，从而达到共建生态圈、合作共赢的目的。

对于传统企业家而言，这无疑是借助外力、实现传统产业基因向互联网基因变革的有利时机。因此，传统企业家需要以更加开放的眼光、心态和胸怀来引入全新的战略合作者，一起实现优势互补、收益共享、合作共赢的局面。

今天，传统企业家不仅有很多认知上的局限，还充满了对时代的焦虑与迷失感。只有认识到发展的方向，勇于自我革命，方能实现凤凰涅槃。传统企业家需要搭建全新的产业互联网平台，引入年轻人，让具有新思维的能人来掌舵，并为之注入足够的资源，甚至在发生利益冲突时，为谋取未来发展的动力与空间，不惜牺牲现有的利益。

成功是成功者的绊脚石，不变必死，变也有可能加速死。中国企业家、新东方教育集团的创始人俞敏洪先生说："宁可在改革的路上死掉，也不愿死在原来成功的基因里。"然而，自我革命往往是最难的。

变是我们这个时代唯一不变的主题，不创新的风险比创新要高很多。企业家一定要有足够的认知和勇气去变革与创新。互联网从来都不是工具，它应该成为企业家必不可少的DNA；它需要渗透到每一位企业家的血液里，驱动他们不断地进行变革与创新。

企业家们，如果你错过了消费互联网，你还要错过产业互联网吗？

对于企业家而言，当互联网以"敲门"的方式走进来，它是朋友，是赋能者；当互联网以"踢门"甚至"砸门"的方式闯进来，它就是"强盗"，是跨界打劫者。

产业互联网在敲门，企业家们，你们准备好了吗？

| 目　录 |

前言　从"互联网+"到"产业链+"：企业家们，你们准备好了吗

第一部分
产业互联网
互联网时代的供应链管理与生态圈赋能

第1章　产业互联网的本质　/ 2
1.1　产业互联网的三个发展阶段　/ 3
1.2　产业互联网时代供应链管理的四个认知误区　/ 7
1.3　产业互联网时代供应链管理的四个新思维　/ 16

第2章　核心企业驱动的产业生态圈赋能体系　/ 23
2.1　核心企业主导的 N+1+N 生态圈模型　/ 24
2.2　谁能够成为核心企业　/ 26

第二部分
产业互联网时代企业的数字化转型之道

第3章 如何搭建产业互联网的多元化赋能体系与全新商业模型 / 38
3.1 多元化赋能体系与多形态订单流模型 / 38
3.2 核心企业的软三元优势 / 49
3.3 案例分析：H化纤网 / 54

第4章 "黑寡妇"思维与全产业链布局的陷阱 / 59
4.1 不要做上下游通吃的"黑寡妇" / 59
4.2 全产业链布局的陷阱 / 65
4.3 管不住一头猪吗 / 72

第5章 产业互联网时代企业的数字化转型战略 / 74
5.1 产业互联网数字化转型是战略转型 / 74
5.2 产业互联网数字化转型是"一把手工程" / 81

第三部分
产业互联网 + 供应链金融 = 产融结合

第6章 重新定义供应链金融 / 94
6.1 从未被满足的中小企业融资需求 / 95
6.2 重新认识供应链金融 / 98

第7章 没有供应链管理，就不会有供应链金融 / 119
7.1 核心企业的生态圈强势控制力 / 120
7.2 核心企业的魔咒还是传统金融机构的魔咒 / 126

第 8 章　数据是第一生产力　/ 129

8.1　产业互联网交易数据的量化分析能力　/ 129

8.2　功能强大的 DaaS 大数据管理平台　/ 135

8.3　全新的供应链金融风控模式　/ 140

第 9 章　从封闭到开放的金融生态圈　/ 144

9.1　封闭还是开放，这从来都不应该是个问题　/ 144

9.2　核心企业主导的大资管金融生态圈　/ 147

9.3　传统金融机构如何实现从封闭到开放　/ 152

9.4　从金融专家到产业专家，一个全新的投贷联动模式　/ 158

第 10 章　如何搭建强大的产业互联网生态圈赋能系统　/ 165

10.1　三流合一的产业生态圈赋能系统　/ 165

10.2　从电子商城到产业生态圈赋能系统　/ 171

10.3　从内部化管理驱动模式转变为外部化赋能驱动模式　/ 176

10.4　小核心、大应用、外部化赋能驱动模型　/ 181

第 11 章　搭建产业互联网 + 供应链金融的产融结合双生态圈系统　/ 184

11.1　核心企业驱动的双生态圈系统　/ 184

11.2　三大鲜明特征　/ 187

11.3　三个层次的产业互联网供应链金融生态圈体系　/ 194

11.4　三大核心价值体系　/ 197

11.5　既是创建全新的商业模型，更是 DNA 的变革　/ 200

第四部分
产业互联网时代的全球产业链布局与境内外资金联动

第 12 章　全球产业链布局与全球金融资源整合　/ 206

12.1　金融与税收对全球贸易的影响　/ 207

12.2　两点贸易转变为三点贸易　/ 212

12.3　选择适合自己的银行　/ 218

第 13 章　全球双总部模型与境内外联动的产融结合体系　/ 224

13.1　从三点贸易到境内外联动＋产融结合的双总部模型　/ 225

13.2　从传统财务部到产融集团　/ 230

结语　融合互联网科技与金融资本的时代　/ 239

第一部分

产业互联网

互联网时代的供应链管理与生态圈赋能

产业互联网的本质不是电商,而是供应链管理与生态圈赋能。企业和企业之间的竞争,其本质是供应链与供应链之间的竞争、生态圈与生态圈之间的竞争。产业互联网的发展过程是核心企业赋能产业生态圈、驱动产业链整合升级的发展过程。

CHAPTER 1
第 1 章

产业互联网的本质

全球互联网的发展正在从上半场的消费互联网快步进入下半场的产业互联网。消费互联网推动了消费升级，消费升级也必将推动产业升级，而借助互联网科技来推动产业链的整合升级正是产业互联网的核心价值。

当下，很多企业家对于产业互联网的认知依然停留在消费互联网的电商层面，认为产业互联网就是销售工业品的 B2B 电商或是电子采购系统，甚至带着消费互联网时代厚重的流量思维，希望借助资本的力量，通过烧钱引流的模式迅速扩大流量与规模，进而再去发掘多元化的盈利模式。他们都没有真正理解产业互联网的本质。

产业互联网的本质不是电商，而是供应链管理与生态圈赋能。那些通过多元化赋能体系推动整个产业链整合升级的企业，我们称为核心企业。因此，产业互联网的发展过程就是核心企业借助互联网数字化平台化发展模式来整合市场上的各个赋能资源，更好地赋能生态圈合作伙伴，并与它们共同推动产业链整合升级的过程。

1.1 产业互联网的三个发展阶段

产业互联网的发展大致经历了三个阶段。

1.1.1 1.0 阶段：行业信息网阶段

产业互联网的出现，最早源于一些提供行业信息的门户网站，它们日常的业务以向 B 端的企业客户提供行业资讯与广告服务为主。在提供行业资讯与广告服务的基础上，它们逐步进入商品的撮合交易中，进而聚焦在某些细分行业与细分市场里做一些自营贸易。这就是 1.0 阶段的产业互联网。

这个阶段的产业互联网平台的形态与商业模式非常原始，互联网科技对于平台而言就只是发布信息与广告的工具。其收入来源主要是会员费、信息发布收入、广告收入以及少量的中介收入。这类平台的生态圈赋能属性非常弱，更不用说借助互联网科技来整合资源、推动产业链的整合升级了。

直到今天，市场上依然还有很多这样的平台，尤其是以行业协会为代表的一些行业信息门户网站（如水泥行业的水泥网、木材行业的中国木材网、棉花行业的中国棉花网、金属领域的中国金属网等）。它们是借助互联网赋能产业链的早期开拓者与实践者，但从严格意义上讲，它们并非真正意义上的产业互联网公司，对于产业链整合升级的赋能价值也是非常有限的。

1.1.2 2.0 阶段：B2B 电商平台阶段

很多行业信息门户网站在掌握行业信息与市场资讯的基础上，很自然地进入到 B2B 电商平台阶段；而消费互联网时代的一些互联网科技公司，也借着日趋成熟的 B2C 电商平台快步进入 B2B 电商交易领域。

这一阶段，产业互联网平台的主要功能就是通过互联网向企业客户销售工业品，其本质依然是商品销售平台。当然，在商业模式上也延伸出了"自营贸易 + 平台撮合交易"相混合的模式。

登录此类平台，你不难发现，整个平台所呈现的就是一个典型的网上商城，只不过上面的商品不是消费品而是工业品，面对的客户不是消费者而是企业。此类平台普遍采用以供定需的电商售货模式，即先收集尽可能多的供应商与商品信息，并陈列在平台上，然后再吸引买家上平台询价采购。

有别于生产厂商搭建的 B2B 电商平台，很多此类的平台都是互联网科技公司或流通领域的渠道商或贸易商搭建的，它们既没有自己生产的商品，也没有供需两端的把控力，有些甚至连产业专业性都不强。它们的互联网系统其实只是一个线上营销渠道，而所谓的互联网思维，则更多是消费互联网时代常用的烧钱引流的流量思维，即借助资本的力量，吸引需求端的企业客户上线，再进而吸引更多的供应商上线，并提供更好的供应条件。

这一模式很容易陷入死胡同：在产业互联网领域，光靠烧钱未必能够引来交易流量，而没有一定的流量规模，就不会有竞争力的商品供应，于是供需两端都不靠的死循环就出现了。

B2B 的交易模式是很复杂的，并不会因为你的商品品类多或便宜，就一定能做成交易。决定 B2B 交易能否达成的因素很多，例如，交易是一次性付款还是需要账期，价格是出厂价还是到岸价或到仓价，供应商是否长期稳定，商品的品质是否稳定，售后服务是否可靠，等等。更重要的是，供应与销售体系的稳定性，也就是生态圈的稳定性与可靠性，往往比单纯的品类丰富和价格便宜更重要。

在产业互联网领域，没有真正的生态圈赋能价值，单靠纯粹的烧钱引流与低价格吸引买家和供应商上线是不可持续的，这会导致平台的核心竞争力变得非常薄弱。市场上类似这样的行业B2B电商平台非常多，它们大多都是昙花一现。

产业互联网的用途不是供企业线上买卖工业品，如果连自己的核心竞争力与盈利模式都不清晰，只是通过烧钱来片面追求流量规模，无疑是饮鸩止渴。烧钱引流是烧不出产业价值的，不具备生态圈赋能理念与能力的平台，永远无法成为真正意义上的产业互联网平台。

继上面提到的行业B2B电商平台之后，很多传统行业的龙头企业也开始进入产业互联网领域，搭建其所处细分行业的B2B电商平台。它们不仅具有自身生产的商品优势，也具有自身规模带来的供应链资源禀赋优势与市场资源整合能力，所以其平台落地成功的概率相对会大一些。

然而，这些平台依然还只是电商系统，是这些企业在传统营销渠道的基础上增加的线上营销渠道。由于缺乏更多的赋能价值与创新的商业模型，这些平台大多都沦为一个在线处理订单的办公自动化系统，有些甚至还因与现有传统营销渠道与供应体系发生资源冲突，而被迫转向销售第三方商品，其结局可想而知。

1.1.3　3.0阶段：产业生态圈赋能平台阶段

产业互联网的本质不是电商，而是供应链管理与生态圈赋能。那些通过整合内外部资源、搭建多元化赋能体系来推动产业链整合升级的平台，才是真正意义上的产业互联网平台。

这一阶段的平台已经不再是简单的电商模式，而是由核心企业驱动，充分抓住传统产业整合升级过程中生态圈合作伙伴的痛点，借助互联网科技，整合资源，搭建多元化赋能体系赋能生态圈合作伙伴，共同推动产业链整合升级的模式。在这一发展过程中，多元化赋能体系已经取代商品买卖成为平台的核心价值，核心企业的商业模型从传统的商品买卖收益延伸出更为多元化的赋能收益，平台从电商系统演化为供应链管理与生态圈赋能系统，核心企业也就在真正意义上形成了产业互联网数字化平台化的发展模式。

驱动产业链整合升级的多元化生态圈赋能体系，涵盖了供应链与产业链上各个相关企业在产供销领域的各个环节，概括而言，主要包含以下十大赋能体系：

（1）商品供应赋能（以需定供）。

（2）商品营销赋能（以供定需）。

（3）仓储赋能。

（4）物流赋能。

（5）金融赋能。

（6）经营管理赋能。

（7）加工制造赋能（包括产品研发、加工制造、检验检测等）。

（8）科学技术赋能。

（9）信息资讯赋能。

（10）客户服务赋能。

通过这一多元化赋能体系，我们不难发现：1.0阶段的信息资讯赋能与2.0阶段的商品供应与营销赋能都是其中的组成部分；数字化加工制造赋能，也就是我们常说的工业互联网赋能，也是其中一个重要的赋能服务。

在互联网科技的推动下，很多国家都开始了产业结构的调整，从以往的低端制造或传统制造向高端制造与智能制造发展。工业互联网强调工业制造领域的数字化升级，是产业互联网赋能体系中的重要一环。借助产业互联网赋能平台，核心企业以自身在加工制造领域的优势为基础，借助互联网科技整合资源赋能生态圈合作伙伴，共同推动生产制造环节从低端制造向高端智能制造发展，也就是向工业制造领域的互联网数字化发展。

然而，产业互联网的赋能体系并不只涵盖工业制造领域，它既涵盖农业、工业、服务业的各个产业，也涵盖产业链上各个环节的相关企业，以及这些企业在供应链上从原材料供应到产品研发与加工制造，再到流通环节，进而触达消费者的各个产供销环节，因此交易场景与赋能体系更为丰富与全面。

需要特别指出的是，上述这一多元化的赋能体系并不是核心企业赋能给自己，而是赋能给供应链与产业链生态圈里的合作伙伴。当然，核心企业赋能生态圈合作伙伴，自然也会给自己带来更多的收益和更强大的生态圈。

生态圈赋能思维才是3.0阶段产业互联网平台的核心思维！

正是因为有了更多的生态圈赋能服务，生态圈里的交易才会在平台上发生，产业链才能在核心企业的赋能体系下实现更好、更快地整合升级，这才是产业互联网赋能平台的核心价值。核心企业在赋能生态圈合作伙伴的同时，也实现了内生增长与外生增长相结合的倍增模式。

1.2　产业互联网时代供应链管理的四个认知误区

供应链管理与生态圈赋能是产业互联网的本质，而供应链管理是核心企业向生态圈合作伙伴提供多元化赋能服务的基础。

供应链管理的兴起源于物流服务，因此早期很多供应链管理的从业人员大多是物流领域的从业人员，对供应链管理的认知也大多停留在物流与采购领域，而很少从整个供应链与产业链整合升级过程中所需的多元化赋能服务视角，来认识供应链管理体系。在互联网科技与金融资本的推动下，供应链管理已经跳出传统物流概念，它融合信息流与资金流，成为三流合一的管理体系。

然而直到今日，很多企业家对于供应链管理的认知依然是片面或错误的。

1.2.1　误区一：供应链是物流

我记得2014年我在香港中文大学给供应链管理硕士班授课的时候，班里绝大多数学员从事的却是物流工作。即使有学员说自己的公司是供应链管理公司，其主营业务也依然是传统的货代业务或物流运输业务。在他们的认知中，供应链管理就是物流，供应链金融自然也就是物流金融。

很多大学教授在讲授供应链管理这门学科时，内容也依然停留在物流供应链与采购供应链领域，而较少深入到互联网信息流与资金流（即供应链金融）领域，更不用说将这三个流融合到一起，形成真正意义上的供应链管理三流合一的理念。

2012年我的第一本关于供应链管理的书《打造3流合1的供应链管理帝国》，从信息流与资金流的角度入手，强调了互联网时代供应链管理的全新理念以及供应链管理对于企业形成生态圈的巨大价值。正如我在该书中提到的，供应链管理是横跨物流、信息流、资金流的跨学科的管理。

随着互联网科技与全球化的迅猛发展，信息流与资金流的应用对供应链管理的意义更加深远，可以说，物流只是推动商品物理流动的基础设施，信息流才是推动商流发展的推手，而资金流则是血液。

在互联网时代，供应链早已不再是物流的概念，供应链的竞争更多的是一场在信息流与资金流领域的竞争。

因此，我们必须跳出传统的物流思维，更多地关注信息流与资金流的价值。

（1）信息流并不只是指商流信息，它还包含了物流信息和资金流信息。强调信息流，其实是从互联网数字化发展的角度来提升供应链管理的整体效率与能力。商品之所以能够在物理上从A点更高效、安全、低成本地转移到B点，是因为互联网信息流驱动了业务交易更为高效地开展，也使得物流效率变得更高，并且能够随着商流信息实现物流端到端的在线化与可视化。互联网科技赋予了供应链管理更强的信息流运营能力，从而使得供应链管理在互联网科技的驱动下，既能够实现整个管理体系与业务交易的数字化高效率发展，又能够很好地整合内外部资源，共同赋能生态圈合作伙伴。

（2）资金流是企业的血液和生命线。没有资金流的协同，商流是无法发生的，物流更加不会发生。在互联网科技的驱动下，以供应链金融为核心的资金流赋能体系正变得越来越成熟、越来越高效，金融赋能产业、产融结合已经成为主流，甚至正在重塑企业的商业模式。

互联网科技正在将物流、信息流与资金流这三个流通过场景交易平台深度融合在一起，形成互联网三流合一的供应链管理与生态圈赋能体系，这就是产业互联网。

供应链管理有三大要素：资金、效率和成本（见图1-1）。

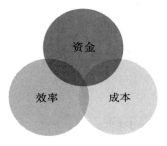

图1-1　供应链管理的三大要素

东西方企业在供应链管理三大要素的整合与运用上有很大差异。

西方企业通常是从效率和成本这两个要素入手，来形成供应链管理的基础优势，从而达到整合供应链的目的；以中国企业为代表的发展中国家的企业，对供应链的整合则主要从资金要素入手。之所以存在这一差异，是因为西方发达国家具有较为开放的金融资本市场，因此资金流的运营效率比发展中国家要高。从供应链管理上看，资金并不是西方企业最大的痛点，效率和成本才是。发展中国家的私营企业由于竞争激烈，在效率和成本这两个要素领域一般都做得不错，尤其是在传统低端制造领域。然而受限于发展中国家尚不成熟的金融资本市场，资金反而成为它们的瓶颈和痛点。因此，在实践中若能以资金为主要赋能点整合供应链与产业链，往往会收到更好的效果。

金融赋能的核心内容就是供应链金融。

供应链金融并不是狭隘的物流金融的概念，而是生态圈金融的概念。它包含的内容也不只是针对物流体系的融资解决方案或者基于控货变现的货押融资解决方案，还是针对整个供应链上下游乃至产业链上所有合作伙伴的金融赋能体系，是核心企业驱动的金融生态圈体系。有关供应链金融的赋能体系，我将在本书的第三部分着重介绍。

互联网时代的供应链竞争，一定是信息流与资金流的竞争，这两个领域是主战场。因此，在互联网时代，企业在供应链管理领域需要具备跨领域、多元化的赋能职能：既需要包含物流赋能，更需要包含互联网数字化赋能与金融赋能。它不仅需要企业搭建横跨这三个领域的专业人才团队，而且需要以赋能生态圈合作伙伴为出发点，形成合力。对于传统企业而言，这无疑是非常具有挑战性的。

1.2.2　误区二：供应链是采购

在很多人眼中，供应链就是采购。这是因为他们只关注了供应链

（supply chain）中"供应"（supply），而没意识到"链"（chain）的重要性。

2020年我带领中国浙江大学商学院EMBA的学生参访中国宁波一家规模过百亿元的上市公司，公司副总裁带着大家参观的时候经过采购部，他指着采购部说："这是我们的供应链管理部。"

在他眼中，供应链就是采购。

像这样的认知误区其实普遍存在于企业家的脑海中。

你的销售是客户的采购，你的采购是供应商的销售。在整个供应链中，角色会不断发生演化与改变。因此我们需要跳出狭隘的采购思维，站在供应链产供销一体化的全链条管理角度思考问题。

在产业链整合升级的过程中，很多企业都会做供应链与产业链的纵向与横向延伸。从纵向延伸的角度，企业既有可能进入上游的供应体系中，也有可能进入下游的渠道营销体系中。在延伸的过程中，企业的角色会发生演化与改变。简单而言，你既可以是你的供应商的客户，也完全有可能成为你的供应商的供应商，因此，你既有可能向他采购，又有可能给他供应，这就是我们在供应链管理中常用的上供下销模式。

苹果就是这个模式的典型例子：

苹果通过战略预付一次性买断供应商全年产能的商业模式，向关键零部件供应商（如尔必达、台积电等）大批量集中采购核心零部件，然后把这些零部件卖给代工商富士康，富士康组装完成后再把成品手机卖给苹果。在这一供应链条上，苹果既是富士康的客户，也是富士康的供应商，苹果对富士康就采用了上供下销模式。

我们再举一个新希望六和的例子：

新希望六和是中国饲料养殖领域的龙头企业、上市公司，它持续不断地在供应链与产业链上做纵向与横向的延伸。为了提升产品的附加值与产业链的整合能力，它将业务从饲料厂延伸到养殖场，再从养殖场延伸到屠宰加工厂，再进入食品深加工领域。每一次链条的延伸，都意味着它在供应链管理中角色发生演变。以养殖场为例，养殖场既是新希望六和饲料厂的客户，也是新希望六和屠宰加工厂的供应商。新希望六和对养殖场也同样采用了上供下销模式。

因此，对于供应链的管理，我们不能只站在企业自身供应或采购这个单一视角来考虑问题，而要强调链的重要性，以及考虑在供应链与产业链纵向横向延伸的过程中企业角色的演变。由此，企业家需要具有生态圈合作共赢的认知，要从生态圈的视角去思考产供销一体化的全链条的管理与发展体系。

1.2.3 误区三：供应链管理是零和博弈

很多企业家认为，自己的供应商赚了，或者自己的客户赚了，自己就一定吃亏了。这一想法会使企业在业务开展过程中陷入零和博弈的思维模式，想尽一切办法压榨上下游企业，而很少站在生态圈合作共赢的角度来搭建赋能体系，实现生态圈合作共赢、共同成长的目标。

供应链管理就是生态圈管理。企业和企业之间的竞争，其本质就是供应链与供应链之间的竞争，生态圈与生态圈之间的竞争。

如果你对上下游企业采用不断压榨的零和博弈思维模式，而你的竞争对手对待上下游企业采用的是合作共赢思维模式，那么你的上下游企业一定会抛弃你，去和你的竞争对手合作。这是一个非常浅显的道理。

我们以三星与苹果之间的竞争为例：

三星与苹果都是手机产业链上的核心企业，彼此间存在激烈竞争。它们的周围有大量的供应商与渠道商（其中有很多是重叠的），都是它们供应链生态圈里的重要合作伙伴。若三星采用零和博弈思维模式，想尽一切办法挤压这些上下游企业的生存空间，而苹果采用合作共赢思维模式，借助自身的资源优势对这些上下游企业做多元化的赋能，从而解决它们在合作过程中遇到的问题与挑战，其结果我们不难想象：同一个供应商与渠道商，它们可能多跟苹果合作，或者在合作过程中，给苹果提供的条件也比三星更好。

正所谓：得道多助，失道寡助。

在供应链管理体系中，我们通常把核心企业比作太阳，上下游企业是围绕着太阳运行的行星。在零和博弈思维的影响下，围绕在三星这个太阳周围的行星都会逐步脱离三星而跑到苹果这个太阳周围，于是三星这个太阳就会逐渐消亡了（见图1-2）。

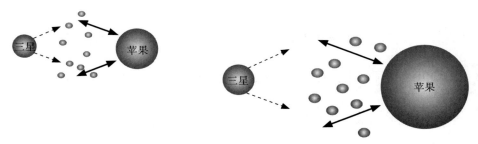

真正的竞争，不是企业与企业之间的竞争，而是
供应链与供应链之间的竞争，生态圈与生态圈之间的竞争

图1-2　供应链与供应链之间的竞争，生态圈与生态圈之间的竞争

核心企业身上往往汇聚了大量的甚至自身可能都用不完的资源，这些资源就是核心企业的优势。核心企业除了将这些资源用在自己身上之外，更应该懂得如何用它们给上下游企业赋能，进而给整个产业链赋能。帮助上下游其实就是帮助自己，这种帮助（赋能）并不是一种单纯的学雷锋式的帮助，而是通过多元化赋能体系实现多元化的收益。例如：

苹果通过预付全年货款的模式给核心供应商提供供应链金融赋能服务，帮助供应商解决采购与生产制造过程中融资难或融资贵的问题，这样苹果就可以从供应商身上得到更好的供应条件，从而降低采购成本。苹果预付的货款并不需要自掏腰包，而是借助其信用优势由金融机构代付，而代付成本远远低于采购收益。因此，这是典型的双赢的赋能结果。

更重要的是，企业通过赋能形成更有黏性、更强大的上下游生态圈体系，将进一步提升自己的核心竞争力，形成全新的商业模式。当然，传统制造企业转型成产业互联网赋能平台，其市场估值也必然会大幅提升。

因此企业一定要跳出零和博弈思维，更多地采用合作共赢的生态圈赋能思维。

1.2.4　误区四：财务部与科技部是成本中心

在不少企业家眼中，财务部和科技部只是公司内部业务发展的支持中心与成本中心。这又是一个认知上的误区。

在产业互联网时代，金融（对应资金流）与科技（对应信息流）已经成为核心企业赋能产业生态圈最重要的领域。因此，企业的财务部与科技部也在快速地转变为驱动核心企业外生增长的赋能中心与盈利中心，以及帮助核心企业实现产业互联网数字化平台化发展的战略驱动中心。

在产业互联网时代，供应链管理三流合一体系里的信息流和资金流扮演了更加重要的角色：负责资金流的财务部与负责信息流的科技部不再只是帮助自己企业降本增效，还把金融资源和数字化管理运营能力对外输出赋能，由此帮助企业形成全新的数字化平台化发展模式。在该模式中，资金流和信息流扮演了非常重要的驱动者角色，财务部和科技部也从内部支持业务发展的成本中心转变成了对外输出赋能、驱动业务发展的盈利中心与战略部门。

以资金流为例。供应链管理体系中的金融赋能（即供应链金融），并不是给核心企业自身的融资赋能，而是由核心企业驱动，向生态圈合作伙伴提供的融资赋能。供应链金融之所以是由核心企业驱动，而非金融机构驱动，不仅是因为核心企业掌握了交易场景，更重要的是，借助自身的供应链管理能力与丰富的信用资源和资金资源，核心企业可以更好地控制风险，把自身丰富的金融资源更加高效地输出赋能给供应链与产业链生态圈里的合作伙伴。财务部是这一金融赋能的核心驱动者，在这一过程中，财务部募集资金并非为了满足自身的资金需求，而是为了向生态圈合作伙伴提供精准的金融赋能。在赋能的过程中，财务部一方面需要借助自身的供应链管理体系来控制风险，另一方面需要借助自身的信用资源整合金融机构和资本市场，实现多元化地募集资金。财务部就如同建渠引流的牵头金融机构，将自身用不完的金融资源向上下游合作伙伴输出赋能。

在这一过程中，核心企业的财务部就从业务发展的支持部门与成本中心转变成了驱动业务发展的盈利部门；在获取相应的金融收益的同时，帮助核心企业形成生态圈黏性，推动产业规模与产业收益的增长，实现金融促进产业发展的产融结合模式。

驱动信息流发展的科技部也同样如此。在产业互联网时代，企业的科技部所要搭建的信息科技系统将不只是一个内部化管理系统，更多是一个对生态圈合作伙伴的赋能系统。科技部需要站在赋能合作伙伴的立场上，根据不同合作伙伴的痛点以及企业能够整合的相应的内外部资源，通过产业互联网科技系统向这些合作伙伴输出赋能资源。在这一过程中，科技部不仅是整个信息科技系统的搭建者，更是驱动传统企业实现互联网数字化平台化战略转型的驱动者。

1.3 产业互联网时代供应链管理的四个新思维

1.3.1 客户价值思维

我们之前提到，互联网的发展正在从上半场的消费互联网快速进入下半场的产业互联网，而消费互联网带来的消费升级也正在快速推动产业链的整合升级。

客户价值思维并非消费互联网独有，它也是产业互联网的核心价值之一。企业如果对消费升级带动产业升级过程中的客户需求变革认识不深刻的话，就无法把握住产业升级的脉搏，也就不会知道自己未来的升级发展通路在哪里。

当然，产业互联网中的客户价值并非仅指消费者价值，还包含了供应链上所有合作伙伴的价值。

实现客户价值，首先要做的便是摒弃单一的以供定需、产品代言人的模式，更多地强调以需定供、客户代言人的模式。应该说，目前绝大部分制造企业采用的都是生产什么卖什么、以供定需的模式，是自己产品的代言人。

随着互联网带来的巨大的客户需求变革，企业家应该倒推自己的供应体系，更多地思考如何以客户需求为导向，即客户需要什么，我们就生产什么产品或整合什么供应资源。在这一以需定供的模式下，我们要以客户代言人的模式来搭建供应链体系，更好地满足客户需求。

然而当下很多在产业上游制造端或原材料供应端的企业，它们的生产与消费需求往往是脱节的，消费需求的变革在通过商业终端与经销渠道层层向上游制造端和原材料供应端反馈的过程中，信息越来越弱化，甚至被扭曲，这就造成消费升级与产业升级之间的鸿沟。而这也正是商机所在。

消费升级必然会带动产业升级。在互联网的帮助下，越来越多的制造企业得以深度接触消费者，深度了解消费需求的变革，从而倒推了自己的产品制造体系与商品供应体系。由此从以供定需的产品代言人模式转变成为以需定供的客户代言人模式，甚至形成一个全新的C2M（consumer to manufacturer，消费驱动生产）供应链管理体系，使自己的产品能够更快地响应市场变化，满足用户需求，真正实现消费升级带动产业升级，如图1-3所示。

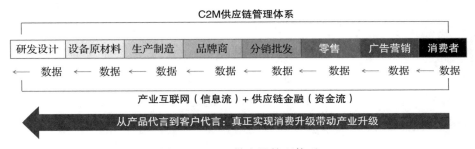

图1-3　C2M供应链管理体系

但是，目前很多行业龙头企业、上市公司仍然是传统制造厂的思维模式，普遍采用自产自销、以供定需的传统商业模式。

即使在快消品行业，现在企业也大多使用传统的渠道销售模式，很少能直接触达消费者。如何能够更加贴近市场？如何通过完善的会员体系形成与消费者的互动机制与黏性，更好地了解不同年龄层次的用户需求与不断快速迭代升级的消费需求？如何在此基础上以客户需求为导向，倒推自己的市场定位与产品设计研发，以及原材料供应体系，通过在各地设厂或者整合当地的合作制造企业，形成集群式产业链，实现有针对性的线上线下联动的渠道模式的变革？

面对互联网带来的巨大挑战与商机，这些变革对于企业实现互联网数字化平台化转型至关重要，甚至可以说是生死攸关。

然而，以客户价值为主导，以消费需求为驱动，形成全新的C2M供应链管理体系，这是DNA的变革，并非做几个新产品或者搭建一套电商系统就能解决的。这是战略转型，是企业发展的第二次曲线，绝非易事。

客户价值是企业发展的原点与出发点。互联网科技的发展使我们有机会更高效地触达客户，站在客户的角度来思考客户需要什么，从而使我们的供应链管理体系从传统的以供定需模式，逐步变成以需定供与以供定需相结合的模式，再进而形成互联网数字化平台化的发展模式。

以中国为代表的发展中国家的制造业体系，正在经历从低端制造向高端制造与智能制造转变的发展阶段。在这一升级过程中，企业单靠一己之力是很难完成整个产业链整合升级变革的。它需要企业家具有核心企业整合生态圈的思维。企业家在整合生态圈资源的时候，如果没有站在客户价值的角度思考问题，整合资源的方向就往往会发生偏差，不知道该将哪一些合作企业整合到自己的生态圈体系里面，不知道怎样才能更好地满足客户需求。只有在知道客户需求的情况下企业才能找到更好的合作伙伴，弥补自身的短板，产生更大的产业升级驱动力。这些都是想要带领传统行业中的企业向互联网数字化平台化的发展模式转型的企业家需要着重思考的问题。

产业升级无法靠一家企业以一己之力完成，它需要整合生态圈资源来协同完成，而整合的出发点是客户价值，与此同时企业还要懂得以合作共赢的生态圈赋能思维整合内外部资源，共同驱动产业链的整合升级发展。

1.3.2 生态圈赋能思维

我们在上文提到，供应链管理并不是零和博弈，而更多是环环相扣、合作共赢的生态圈管理。

在认知误区三中我们提到了三星与苹果之间的竞争。

生态圈是企业生存的根本，而合作共赢则是维系生态圈发展的基石。

每个行业里都有龙头企业，它们看似强大，拥有很多资源，但不少企业缺乏合作共赢的生态圈赋能思维，它们终将被时代所淘汰。

行业龙头企业应该跳出供应链上下游你死我活的零和博弈思维，而是借助自身的资源禀赋优势，向生态圈上下游的合作伙伴提供多形态的赋能服务，形成更强的生态圈黏性。在帮助合作伙伴成长的过程中，借助自身对产业链未来发展方向的把握，带领生态圈合作伙伴一起实现产业链的整合升级。例如，从初级低端制造升级成为更高效率、更低成本、更高科技、更高品质、更高附加值的高端制造与智能制造。

换言之，没有合作共赢的生态圈赋能思维，企业即使规模再大，也不能称为核心企业，充其量就只是行业龙头企业而已。

产业互联网的发展过程，是核心企业赋能产业生态圈、驱动产业链整合升级的过程。合作共赢的生态圈赋能思维是核心企业得以驱动产业链整合升级的重要基石。企业迫切需要建立对生态圈合作共赢的认知，只有这样，才能吸引更多的生态圈合作伙伴与其业务发展形成协同配合，才能成为核心企业，并产生更强大的"光环效应"，建立超越竞争的供应链生态圈。

1.3.3 平台化思维

在产业生态圈赋能过程中，即使核心企业拥有很好的资源禀赋，也无法靠自身资源搭建所有的赋能体系，或者即使核心企业有能力搭建所有的赋能体系，也不意味着每个赋能服务都具有比较优势。

因此，核心企业在给整个产业生态圈赋能时，一定要搭建开放的平台，整合内外部所有资源来共同赋能，只有这样，才能满足生态圈赋能过程中持续增长的赋能需求。

搭建开放的赋能平台,核心企业需要遵循一个基本原则:核心要素内部化,非核心要素外部化。

什么是你的核心要素?核心要素既是你的核心资源禀赋优势,也是你的核心竞争力。所以一定要自己搭建,而且要牢牢掌握在自己手里,并不断强化,这就是核心要素内部化。相反,非核心要素则不一定是你的资源禀赋优势,或者虽然你在某方面具有一定的资源禀赋优势,但这一优势并不是市场上最有竞争力的,也不是必须掌控的核心竞争力,这一优势完全可以通过整合外部资源为己所用(而非为己所有),这就是非核心要素外部化原则。

因此,核心企业整合资源一定要具有开放平台的思维,深刻认识到什么是自己的核心要素,并将其内部化,什么是自己的非核心要素,需要依赖外部资源整合。

在搭建资源整合的开放平台时,核心企业一定要以客户价值为出发点,以客户需求为导向,以合作共赢为基本宗旨,整合市场上所有可以整合的内外部资源,共同赋能生态圈合作伙伴。

很多企业家都有一颗做大做强的心,也因此往往会落入上下游大小通吃的陷阱。他们在产业链的每一个环节都布局,恨不得把每一个环节上的钱都赚走,其结果往往是什么都做不好,甚至把自己原来的核心竞争力也弄丢了。所以我们经常会看到一些企业在高歌猛进之后,先是变成大而不强的虚胖,然后开始走下坡路,最终陷入危机。

我们以乳品行业龙头上市公司 N 乳业集团为例来思考什么是核心要素,什么是非核心要素,以及如何对上下游企业赋能。

N 乳业集团在产业链并购扩张时,需要给生态圈里的地方中小乳品企业赋能,帮助这些中小乳品企业全面提升竞争力,使它们成为效率更高、成本更低、产品更好的优质企业。生态圈里的这些企业成长升级了,

N乳业集团自身才能健康成长，相应地，供应链与产业链也就实现整合升级了。

N乳业集团在这一赋能过程中，需要向这些生态圈里的地方中小乳品企业提供多元化赋能体系，包括供应赋能、营销赋能、冷链仓储物流赋能、金融赋能、科技赋能、加工制造赋能、产品研发设计赋能、企业经营管理赋能、行业资讯赋能等。每种赋能都是很重要的，但并非每种赋能都要靠自身的资源来实现。

在对以上资料做展开分析时，我们不妨问自己以下几个问题：

- 提供金融赋能一定要自己开银行做融资吗？
- 提供冷链物流仓储赋能一定要自己建冷库或自己买冷链车吗？
- 哪些是核心要素，一定要内部化？哪些是非核心要素，可以通过整合外部资源来共建赋能体系、共享收益？

当然，不同的行业，搭建赋能体系的方式和方法不同；即使同一行业，不同核心企业的资源禀赋不同，搭建赋能体系的方式和方法也会不同。然而无论怎样，基于核心要素内部化、非核心要素外部化的原则来搭建一个资源整合的开放平台，永远是一种极为重要的思维理念。

1.3.4　整合全球资源的国际化思维

全球市场与产业链的融合是一股不可逆转的潮流，全球化是时代趋势，而互联网的迅猛发展更是进一步推动了全球化的发展与全球产业链的融合。

对于很多发展中国家而言，融入全球大市场与全球产业链至关重要，这不仅是为了获取原材料的供应资源与商品销售的市场资源，更是为了获取全球产业链体系中的各种资源，尤其是西方发达国家的金融资本、科学技术、人才、管理体系等资源。

全球产业链深度融合的进程是不可逆转的。即使当前不断产生的地缘政治冲突给这一全球化进程带来了不少挑战，但这也只是阶段性的，它并不能改变全球化进一步发展的历史进程。

全球产业链的融合正在变得越来越强，这就使得核心企业在整合赋能资源时，一定要摆脱自身的单一国家资源禀赋和利益格局的局限性，充分借助全球产业链深度融合的机会，做好全球产业链布局，在全球市场中整合赋能资源，向自己生态圈中的合作伙伴提供全球化赋能服务。

以金融资源为例，一家中国的核心企业在向生态圈提供金融赋能服务时，并非一定要从中国内地的金融资本市场获取金融资源，也可以借助它的全球产业链战略布局，从中国香港、新加坡、英国伦敦、美国纽约这些全球开放且充分竞争的金融资本市场中获取金融资源。这样，该核心企业给上下游交易伙伴进行金融赋能时才能突破单一市场的局限，变得更有竞争力。

产业互联网并不只是一个提升交易效率的办公自动化工具，它也可以帮助很多核心企业在资源整合上突破区域限制，实现跨国界、跨时空的资源整合，大大提升赋能效率与竞争力。

因此，在全球化快速融合的发展过程中，企业家一定要有全球产业链布局与整合全球资源的全球化思维。有关全球产业链布局与全球资源整合的解决方案，我将在本书的第四部分着重介绍。

CHAPTER 2
第 2 章

核心企业驱动的产业生态圈赋能体系

我们在第 1 章中提到，产业互联网的本质是供应链管理与生态圈赋能，产业互联网的发展过程是核心企业借助互联网数字化平台化发展模式整合市场上的各种赋能资源，更好地赋能生态圈合作伙伴，并与它们共同推动产业链整合升级的过程。因此，产业互联网是核心企业驱动的产业生态圈赋能体系，核心企业是产业链整合升级的驱动者与整合者。

那么怎样的企业才能成为核心企业？谁能成为产业互联网时代的驱动者与整合者？

2.1 核心企业主导的 N+1+N 生态圈模型

2.1.1 光环效应与 N+1+N 的生态圈

供应链以核心企业为中心，层层延伸，一头带动上游的一级供应商和二级供应商，直至最顶层的原材料供应商，另一头带动下游庞大的经销渠道，直至终端用户。如果核心企业跳出自身的供应链生态圈，向整个产业链输出赋能，其生态圈也会从自身的上下游延伸到整个产业链的上下游，它也就会成为整个产业生态圈的核心企业。

在西方供应链管理体系里，核心企业对应的英文是 Anchor，而不是按照中文字面翻译的 Core。Anchor 是船锚的意思，也就是固定船的工具。西方学者用 Anchor 这个词而不用 Core，是为了强调核心企业是供应链主导者这一根本价值。Anchor 用得很形象：供应链就如同一艘船，供应链的上下游企业连同核心企业都是船上的成员；这艘船要想能够抗风浪，就离不开这个船锚。Anchor 就起到了船锚的作用，它就像是一枚定海神针，整个供应链的上下游都能够在它的帮助下具备抗风浪的能力。

核心企业的船锚价值体现在它对上下游企业的管理体系的强势控制力，以及基于合作共赢的生态圈思维所形成的赋能体系。核心企业的管理体系与赋能体系越丰富、越强，核心企业与上下游的黏性以及对上下游企业的把控能力就越强，也由此形成更加紧密合作的 N+1+N 生态圈模型。

西方学者通常用"光环效应"（Halo Effect）这个词来形容核心企业对生态圈的强势控制力。越是优秀的核心企业，其光环效应就越强。

核心企业是生态圈的主导者，也是生态圈整合升级的驱动者与整合者。

2.1.2 生态圈的资源错配现象

供应链生态圈普遍存在资源错配的现象，即处于供应链主导地位的核心企业身上往往汇聚了很多资源，资源的丰富程度远远超出它自身的需求。如果核心企业能够借助自身对于资源的整合能力，把这些资源赋能到上下游企业当中，带动它们共同成长，那么就会产生很强的生态圈黏性，当然，核心企业也能从中获取更多的收益。

任何一个产业只要未完成整合，其供应链与产业链的上下游就会存在大量的中小微企业。这些中小微企业往往是迫切需要资源的，但也往往最不容易得到资源。资源过多地集中于核心企业，缺少资源的中小微企业却得不到资源，这就是典型的资源错配现象。如果核心企业具有生态圈合作共赢的赋能思维，将自己用不完的资源通过多元化赋能体系赋能生态圈合作伙伴，就会强化其光环效应，形成更好的凝聚力，进而推动整个生态圈良性发展。

在这里，我们需要特别强调金融资源的错配问题。这一问题在金融资本市场发展尚不完善的发展中国家尤为明显。这些金融资本市场的低效率使得金融资源大多聚集于大型企业和上市公司，缺钱的中小微企业往往是金融资源无法触达的地方。作为核心企业的大型企业拥有丰富的金融资源，如果核心企业基于其对上下游企业较强的控制力，把自身丰富得甚至是用不完的金融资源赋能到上下游中小微企业身上，就会形成很强的金融赋能体系，而这一金融赋能体系反过来又会促进核心企业与上下游合作伙伴的业务的开展，从而形成产业带动金融、金融促进产业的产融结合的良性发展。

因此，一位企业家不仅要懂得如何提升自身的金融财务运营能力，更要懂得如何整合金融资源来赋能生态圈，形成全新的产融结合双生态圈体系。由于供应链与产业链中的合作伙伴对金融需求的迫切性，金融赋能已经成为核心企业赋能上下游企业的核心赋能服务，也是核心企业驱动供应链与产业链整合升级强有力的武器。

2.2 谁能够成为核心企业

2.2.1 从夹心型到主导型

企业的贸易地位从本质上讲取决于其与上下游交易对手议价的能力。在这里，并不是买家的议价能力一定大过卖家，也不是规模更大的企业一定就具有更强的议价能力，如华为（大买家）与谷歌、高通或台积电（卖家，但掌握核心科技，更具有主导力）。

企业与上下游交易对手的议价过程如图2-1所示。

图2-1　企业与上下游交易对手的议价过程

根据企业在供应链上贸易地位的强弱程度，我们通常把企业分为夹心型、均衡型与主导型三类。

（1）夹心型企业。这类企业的上下游交易对手都比它强势，即S＞Y＜B；它作为最弱势的企业被夹在中间，是典型的"夹心饼干"：采购没有议价能力，需要预付货款才能拿到货；销售没有议价能力，需要先供货才能收到款。这类企业的生存环境较为恶劣，缺乏资源（尤其是金融资源），而且往往很难改变现状。很多夹心型企业的利润甚至都不能覆盖其资金成本，因此做到一定规模就再也无法突破，进而逐步衰退甚至消亡。

（2）均衡型企业。具体有三种表现形式：①这类企业与上下游交易对手相比势均力敌，即S=Y=B；②上游比它强势，但它比下游强势，即S＞Y＞B；③下游比它强势，但它比上游强势，即S＜Y＜B。因此在后面两种情况下，它能把供应链一端的压力传导到另一端，达到较为均衡的贸易地位。

（3）主导型企业。这类企业是供应链上贸易地位最强势的企业，即 Y > S&B。它具有供应链的主导地位，可以要求供应商先供货，同时提供账期，也可以要求买家先付款，它再供货，因此它不仅可以获取交易利润，还能沉淀大量资金，并具有很多资源禀赋优势，进而成为核心企业。

核心企业一定是主导型企业，或者至少是均衡型企业，但不会是夹心型企业。

2.2.2　贸易地位决定现金管理周期

贸易地位、支付结算方式、现金管理周期，这三个要素表面上看似乎毫无关联，实际上却密不可分。简单地说，贸易地位决定支付结算方式，而支付结算方式影响现金管理周期。

主导型企业由于其强势的贸易地位，在与上下游交易对手交易时会采用最有利于自己的支付结算方式。例如，在采购端，它会要求供应商先供货，自己 90 天后再付款给供应商；在销售端，它会要求买家先付款，收到款 7 天后才发货。于是它的现金管理周期就是 −97 天，这也就意味着采购与销售所带来的资金会在其账户上沉淀 97 天。

我们来看一下现金管理周期（cash conversion cycle，CCC）的概念：

$$CCC = DSO + DMO + DIO - DPO$$

- DSO：应收账款天数（days sales outstanding）；
- DMO：生产天数（days manufactory outstanding）；
- DIO：库存天数（days inventory outstanding）；
- DPO：应付账款天数（days purchase outstanding）。

越短的现金管理周期意味着越高的资金使用效率与越好的现金流。

可想而知，如果一家主导型企业的规模足够大，其账户上沉淀的资金也会是一个天文数字。

沃尔玛就是一个典型例子：

- 沃尔玛没有应收账款；作为零售终端企业，所有人去它的商场买货都是付现金（cash on delivery，COD）的，所以 DSO=0。
- 沃尔玛基本上能做到零库存（由供应商提供库存（vendor managed inventory，VMI）），所以 DIO=0。
- 沃尔玛没有生产制造商品，所以 DMO=0。
- 沃尔玛通常采购后 30～180 天付款，DPO=30～180。

因此，沃尔玛的现金管理周期 CCC = 0+0+0−30～180=−180～−30。

这其实是在告诉我们：沃尔玛占用了供应商 30～180 天的资金！

如果沃尔玛一年的销售额按 5000 亿美元算，它的采购额就是 4000 亿美元，这 4000 亿美元供应商的资金就在它的账户上停留了 30～180 天。

如果你是一个中小规模的制造企业，又属于夹心型企业，那你的现金管理周期就会很糟糕，例如：

- 原料供应端都被大型企业垄断了，需要预付货款，付款 7 天以后才能收到货物，即 DPO=−7。
- 生产需要 10 天，即 DMO=10。
- 库存需要 7 天，即 DIO=7。
- 销售后 90 天收款，即 DSO=90。

因此，CCC = 90+10+7−（−7）= 114，即你的现金管理周期为 114 天。

这意味着完成一笔交易需要占用 114 天资金，若资金不够就需要融资。且不说是否能及时借到钱，即使借到了，你的利润能覆盖这 114 天的融资成本吗？如果连融资成本都覆盖不了，那这笔交易其实是亏损的。

主导型企业的支付结算工具一定是对自己最有利的，其 CCC 也一定是非常好的；夹心型企业的支付结算工具往往是对自己最不利的，其 CCC 也一定是非常糟糕的。由此可见，贸易地位、结算工具、现金管理周期是密不可分的。

贸易地位决定着现金管理周期!

结合贸易地位与现金管理周期的关系,我们可以用图2-2来展示主导型、均衡型、夹心型三类企业。

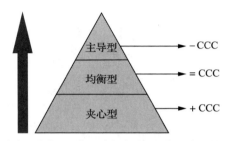

贸易地位决定现金管理周期,选择合适的生态圈是成为核心企业的关键!

图2-2　三类企业

中小企业通常都是夹心型企业,生存环境恶劣,资金痛点尤为显著,有时甚至不得不借高利贷。主导型企业若能借助自身在金融资源上的优势,通过供应链金融赋能这些供应链上下游的中小企业,并在金融赋能的基础上引入物流、仓储、供应、营销、经营管理等多元化赋能体系,则这家主导型企业也就会成为整合生态圈交易对手、推动生态圈发展的核心企业了。

2.2.3　核心企业并不是大公司专属

核心企业一定是主导型企业,但大公司未必一定是主导型企业,小公司同样有可能成为主导型企业,核心企业并不是大公司专属。

这里的关键在于生态圈的选择:选错生态圈,大公司也有可能变成夹心层企业;选对生态圈,小公司一样有可能成为核心企业!

我们不妨以华为为例:

很多人都会认为像华为这样的大公司，一定是核心企业。事实上，如果华为选错生态圈，一样有可能会成为夹心层企业：

- 如果华为的供应商都是高通、微软、英特尔、台积电这样掌握核心技术的强势供应商，那么华为向它们采购都需要预付货款才能拿到货，甚至还未必能拿得到货，这意味着上游的供应商比华为更强势。
- 如果华为的客户都是电信运营商、政府机构、银行等，这些下游客户可能比华为还强势，这意味着华为和它们做生意还需要提供账期。

由此不难发现，即使华为这样销售额超过千亿美元的巨无霸企业，它也一样有可能成为夹心层企业。

华为要想变成主导型的企业，首先就要选对生态圈。例如：

- 华为不直接供货给政府机构、银行或电信运营商，而是通过经销商供货给它们，由经销商扮演服务这些机构客户的角色，处理与这些客户之间的关系、利益分配、交付和收款等基础服务工作。华为通过供货让利给这些经销商，实现强势主导地位。
- 对于上游供应商也一样，本着核心要素内部化、非核心要素外部化的原则，对于供应端的核心要素（如芯片），要尽可能摆脱对上游供应商的过度依赖，实现内部化；对于供应端的非核心要素（如机壳、耳机、屏幕、组装等），则可以采用外部化的方式向第三方供应商采购，该领域市场上有不少供应商可供选择，相对它们，华为具有足够的强势与主导地位。

由此可见，生态圈的选择多么重要。

如果说大公司选错生态圈有可能会变成夹心层企业，那么小公司如果选对生态圈，则可以从夹心层企业转变成为主导型企业，进而转变成核心企业。

我辅导过苏州一家医疗耗材企业M公司，它原本是一家医疗试剂制造企业，年销售额只有几百万元。借助产业互联网，它从自产自销的传统中小型制造企业转型成一家面向境外市场的一站式医疗耗材产业互联网公司，其平台上的商品已经有数万个 SKU，涵盖医疗耗材的各个领域。经过短短的两三年时间，其销售额已经有近十倍的增长。

M 公司的上游供应端是医疗耗材制造厂，下游的终端用户是境外的医疗机构，若 M 公司直接面对这些上下游企业，则无疑会成为典型的夹心层企业。在搭建产业互联网商业模型的时候，我们一致认为产业互联网平台的赋能对象既不应该是上游的医疗耗材制造厂，也不应该是下游的终端用户（境外医疗机构），首先切入的市场也不能以欧美发达国家为主，而是要以亚洲、非洲、中东、拉美洲等的发展中国家为主。

这是非常明确清晰的生态圈选择。

在这些发展中国家的医疗耗材市场中，经销商是活跃于该特定市场、促进商品流通的主要群体，它们都是中小微企业，而且它们的医疗耗材采购多半都来自中国。它们迫切需要获取多元化的赋能服务，商品供应赋能只是它们需要的诸多赋能中的服务之一。若 M 公司能在商品供应赋能的基础上，进一步提供营销、物流、仓储、金融、品控、行业资讯、客服等多元化赋能服务，无疑会大大加强经销商对 M 公司产业互联网平台的依赖度，进而会把它们现有的采购交易与销售交易放在 M 公司的产业互联网平台上，甚至将其终端客户的采购需求一揽子外包给 M 公司。于是，一个"以供定需 + 以需定供"相结合的良性循环模式就形成了。

选择生态圈的过程是战略定位的过程。

生态圈选对了，M 公司也就从夹心层企业转变为了均衡型企业。

相较于这些经销商，提供多元化赋能服务的 M 公司是具有一定议价能力的强势企业，它可以要求经销商先预付全额货款，然后它再组织货物、安排物流。相对于上游的医疗耗材制造厂，M 公司一开始是处于相对弱势的地位的，通常要款到发货。从这个角度讲，M 公司是一个均衡型企业，也就是上游工厂比 M 公司强势，M 公司比下游经销商强势。

当 M 公司的业务规模增长到一定程度后，它开始具备整合上游工厂的能力。尤其是中国的医疗耗材制造产业尚未完成整合升级，存在很多同质化竞争的中小制造工厂，M 公司完全有机会借助经销商旺盛的采购需求与迅速增长的业务规模，通过集中采购、团购、竞价等订单流模型，对上游工厂形成一定的议价能力。如果 A 工厂的供应条件不够好，M 公司就可以选择与 A 工厂同质化竞争的 B 工厂。通过市场整合重构游戏规则，那些合作紧密、供应品质与条件更好的工厂，就可以从 M 公司的产业互联网平台上获得更多的订单，于是 M 公司也就有机会从均衡型企业进一步转变成为主导型企业。

从经销商那里实现早收货款，从供应商那里获得更长的供货账期，M 公司不仅可以在业务规模上进入良性循环，在资金运营上也可以进入良性循环。快速增长的业务规模以及逐步沉淀的资金，使得 M 公司有机会整合更多的金融机构进生态圈，一起向这些中小经销商提供金融赋能，一个产融结合体系也就应运而生了。

通过产业互联网平台上的多元化赋能体系来驱动目标市场中医疗耗材产业链的整合升级，M 公司不正是这个生态圈里的核心企业吗？

因此，对于任何一个夹心型企业而言，选对生态圈至关重要。在选对生态圈的基础上，通过产业互联网平台整合资源，形成多元化赋能体系，夹心型企业就完全有机会成为驱动产业链整合升级的核心企业。

2.2.4 "核心企业不核心"

主导型企业并不意味着一定能够成为核心企业。

我们在上一章中提到，核心企业一定要有合作共赢的生态圈赋能思维。一个行业龙头企业，它也许是供应链的主导型企业，拥有很好的资源禀赋，然而，如果它不具备合作共赢的生态圈赋能思维，而是对上下游企业采用零和博弈的方式，那么其资质再好、规模再大、授信再多，都只能是一个行业龙头企业，而不是真正意义上的核心企业，这也就是我们常说的"核心企业不核心"现象。

正如我们在上文中反复强调的：企业和企业之间的竞争，其本质是供应链和供应链之间的竞争、生态圈和生态圈之间的竞争。一个强大的核心企业可以借助自身的资源禀赋优势赋能生态圈合作伙伴，从而实现合作共赢、强者愈强的良性循环，并建立起无可比拟的竞争优势。

主导型企业是否能成为核心企业，关键要看以下四点。

1. 有没有供应链管理的能力

很多行业龙头企业与上下游企业之间只是简单的买卖关系，并没有形成完善的供应链管理体系。例如：

- 与下游经销商的合作：很多企业把货卖给经销商后，业务也就结束了。它并不知道经销商把货卖给了哪些客户，在卖货过程中，经销商是否需要它的营销支持，是否要在营销支持的基础上进一步提供经营管理上的支持；并不知道经销商的库存情况及其是否合理，经销商的资金够不够用；也不知道经销商在业务开展过程中是否存在窜货、卖假货、低价倾销等违反渠道营销管理的行为，等等。
- 与上游供应商的合作：很多企业与上游供应商的合作就只是采购关系，而没有深入到供应商的供应链管理体系中。它并不知道供应商的运营管理是否稳定可靠，原材料的采购是否满足自己产品的生产要求，品质是否有保障，库存是否合理，是否有资金上的需求，等等。

2. 有没有合作共赢的生态圈赋能理念

事实上，很多行业龙头企业不仅没有深入到上下游的供应链管理体系中，反而是对其采用诸如压价压货、拖欠货款等零和博弈手段，这样的企业怎么能称为核心企业呢？

零和博弈思维最终会削弱自己的竞争力。如果它的竞争对手采用合作共赢的生态圈赋能方式，就会得道多助、失道寡助。其结果一定是具有合作共赢思维的企业会形成更强大的生态圈，越做越好；那些具有零和博弈思维的企业，无论当前规模多大、资质和出身多好，最终都会被生态圈抛弃、被市场淘汰，成不了核心企业。

3. 能否承担核心企业信用价值转移的责任

如上文所述，金融赋能、产融结合是产业互联网平台的核心赋能模式，而该模式若想成功落地，核心企业一定要承担信用价值转移的责任，这是核心企业输出金融赋能最重要的环节。

很多行业龙头企业虽然资质很好、规模很大、授信很多，甚至有着国家信用背书，但它们从不给供应商做付款确权，甚至不愿意帮助金融机构确认贸易背景的真实性，或者提供任何交易数据。这样的核心企业即使自身拥有再多的金融资源，也无法分享给上下游，金融赋能只是一纸空谈。这些企业都只能被称为行业龙头企业，而不能成为核心企业。

4. 有没有产融结合的团队

要想落地实施产融结合这一核心赋能体系，核心企业不仅需要供应链管理团队，更需要将其升级为供应链管理+供应链金融赋能的产融结合团队。

这的确是一个高要求，但却是很多世界500强企业都会具备的重要基础设施之一。

华为就有这样的团队：华为有一个负责渠道商融资的销售融资部，还有一个负责供应商融资的采购融资部。以销售融资部为例，其主要职能是整合自己合作的金融机构，满足渠道商与华为开展业务过程中的资金需求。这个团队身兼销售与融资两种职能，既属于资金部，也属于销售部，是典型的产融结合部门。从管理体系上讲，这也是一种跨部门的合作模式。

很多行业龙头企业没有华为这样专业的产融结合团队，甚至都没有供应链管理团队与供应链管理体系，因此产融结合的落地也就无从谈起了。

核心企业之所以被称为核心企业，不仅因为它是供应链与产业链的主导者，更重要的是，它还要担当生态圈赋能的角色。规模大小以及是不是强势主导型企业都只是其成为核心企业的基础条件，只有能够以肯定的答案回答上述四个问题具备了相应的能力与职责，才是真正意义上的核心企业。

第二部分

产业互联网时代企业的数字化转型之道

核心企业是引领与驱动产业链整合升级的主要力量,核心企业的产业互联网多元化赋能体系是推动实现产业链整合升级的最佳途径。产业互联网数字化转型并不是科技系统项目,而是战略转型项目,是DNA的变革,是"一把手工程"。

CHAPTER 3
第 3 章

如何搭建产业互联网的多元化赋能体系与全新商业模型

产业互联网是核心企业驱动的产业生态圈赋能体系。核心企业应该如何搭建完善且强大的赋能体系与全新的商业模型,从而成为产业链整合升级的驱动者与整合者?

3.1 多元化赋能体系与多形态订单流模型

产业互联网生态圈赋能体系,并不只是电商模式下的商品供应赋能,还是具有产业特征的、有很强针对性的多元化赋能体系。

核心企业搭建产业互联网赋能体系,首先要熟悉产业特征,明确谁才是产业链上的目标赋能对象,其次要非常了解产业链上的痛点以及每个赋能对象的痛点;最后才是搭建有针对性的赋能服务与科技系统。在搭建赋能服务系统的过程中，核心企业一定要本着核心要素内部化、非核心要素外部化的原则，整合市场上的各种赋能资源，一起赋能生态圈合作伙伴，而不只是依赖自身的赋能资源。

3.1.1 你该为谁赋能

产业互联网的驱动者一定是产业专家。

不少互联网科技公司带着消费互联网时代的认知，认为产业互联网就是一套 B2B 电商系统，这样的认知是非常片面的。产业互联网的发展过程是产业链整合升级的过程，这一过程的驱动者如果连产业的特征都缺乏深刻认知，那么它是无法真正理解产业生态圈合作伙伴的痛点与正确的赋能模式的。

对于产业的认知不能单纯站在制造企业的视角。例如，汽车产业的专业性并不只是体现在你是否懂得如何制造一台汽车，牛奶产业的专业性也同样并不只是体现在你是否懂得如何生产一瓶牛奶。

1997 年，吉利汽车集团创始人李书福先生进入汽车制造业，彼时的他觉得汽车制造不过是四个轮子加两个沙发而已。但当他真正进入汽车产业后才明白，这涉及一个非常复杂庞大、专业性与科技性都非常高的供应链与产业链，并不是靠简单地拼凑四个轮子和两个沙发（即组装）就能够做得好的。[一]而他引以为豪的低成本战略，仅仅能够满足初级、低端的消费需求，并不足以使吉利成为汽车产业链整合升级的驱动者与引领者。

产业的专业性体现在对整个供应链与产业链体系的认知，其中既包括对生产制造环节的认知，也包括对终端客户需求变化的认知，以及对中间流通环节与营销模式变革的认知、对同行发展的认知、对国际市场

[一] 《李书福，一把拿下沃尔沃》，《环球人物》，喻文，2010 年 4 月上，第 9 期。

发展的认知、对产业科技创新的认知，对产业发展方向的认知等。缺乏全面专业的认知，就无法了解当前产业链中各个环节所存在的痛点，更无法理解未来产业发展的方向。

不同产业的产业特征也往往存在很大的差异。例如，大宗商品行业是资源驱动型的，因此往往在供应端有很多环节亟待赋能升级；快消品行业是消费需求驱动型的，因此在营销端会有很多环节亟待变革。

产业的专业性造就了产业的高门槛，因此不懂相关产业的人最好不要贸然进入产业互联网领域。

很多互联网科技公司对产业的认知只是门外汉的水平。不深入认知产业的专业性与痛点，就不会懂得如何搭建有针对性的赋能体系，走弯路与失败也是必然的。而认为搭建一套互联网科技系统或电商系统就能成为产业整合者与新霸主的认知，更是天真的。

事实上，即使很多在产业中深耕多年的企业家，对自己所处的供应链与产业链也未必真正具有全面深刻的认知，尤其缺乏对产业未来发展方向的认知，这使得他们的企业同样无法成为产业链整合升级的驱动者与引领者。

我曾经辅导过一位酒类领域的企业家 W，他试图搭建一个酒类领域的产业互联网平台。刚开始，由于受市场上消费互联网电商思维的影响，他搭建了一套酒类产品的电商系统，然而系统上线了，却很少有交易上线。这使得他花了不少冤枉钱。

登录他的系统，我们不难发现问题所在：系统目标的客户究竟是消费者（2C）还是渠道商（2B），这点在他的系统中其实并不清晰。

于是就产生了一个根本性的问题：你连目标赋能对象都不清楚，就不会了解他们的痛点，也就无法建立起有针对性的赋能体系；没有针对性地赋能，交易当然不会上线。

要知道，消费者的需求与渠道商的需求是有着巨大差异的。

单从商品供应角度来讲，渠道商登录系统所看到的商品种类与价格往往都是有针对性的，有着清晰的层级定义、价格折扣、支付结算与配送方式等的匹配，彼此间信息是不透明的。针对它们的交易模型（即订单流模型），通常采用可售商品可售价格订单模型，即每个渠道商登录系统，系统都会根据渠道商的身份验证与层级定义，匹配相应的商品、价格、支付结算方式与配送方式，渠道商之间是无法相互看到彼此对应的商品价格等信息的。这与针对消费者的标准的电商订单流模型有着很大差异。

从赋能角度来讲，渠道商所需要的赋能也并不只是商品供应赋能，它还可能需要金融赋能、物流赋能、营销赋能等多种赋能，而这些赋能模式都会对订单流模型产生巨大影响。

例如，如果渠道商在采购时缺少资金，需要金融赋能，那么产业互联网平台在整合金融机构向其提供金融赋能时，会要求支付方式与物流配送做相应的调整。于是渠道商的采购订单就有可能会发生如下必要的改变：

（1）供应商确认订单后，渠道商自付30%，金融机构融资代付70%，资金需要匹配采购订单从指定账户付出，并付到指定供应商的账户里。

（2）货物配送需要由金融机构认可的物流配送商来配送，并实现全程可视化跟踪，直到交付至指定的收货地与收货人（收货人不一定是渠道商）。

（3）货物交付时，渠道商需要付清尾款，之后金融机构才会通知物流配送商，允许收货人提货。

不需要金融赋能的普通采购订单，是不会这么复杂的。如果目标客户是消费者，其采购订单就更简单了。

事实上，即使明确了目标对象是渠道商，不同形态的渠道商所需要的赋能服务也会有很大的差异。酒类产品领域的渠道商形态很多元化，包含区域代理、二批商、零售终端；零售终端里面又包含了很多形态，如名酒店、餐饮店、线上零售、线下零售，既是销售点又是终端用户的混合形态，等等。

此时我们需要明确，平台要赋能的渠道商到底是哪种类型？它们各自有哪些痛点？它们需要哪些有针对性的赋能服务？

至于去掉中间流通环节、直通最终消费者的消费互联网模式，很多时候并不适用于产业互联网。而要一下子赋能产业链上的所有环节、所有对象的想法，也往往是一厢情愿，无法落地实施。

即使是像企业家 W 这样的行业中人，对于首要赋能的目标对象应该是哪种类型，很多时候也并不清晰，甚至会不断改变想法：今天打算服务消费者，取消中间流通环节；明天又觉得这条路行不通，改为服务中间流通环节；就算是选择服务中间流通环节时，也可能今天打算服务区域代理和二批商，明天又想要直接服务零售终端，等等。

目标对象不清晰，赋能就没有方向性与针对性，也就自然不会有交易上线。

3.1.2 十大赋能体系与多形态订单流模型

明确了赋能对象是谁，以及赋能对象的痛点，赋能就有针对性了。

我们在第 1 章中提到了产业互联网的十大赋能体系：

（1）商品供应赋能（以需定供）。

（2）商品营销赋能（以供定需）。

（3）仓储赋能。

（4）物流赋能。

（5）金融赋能。

（6）经营管理赋能。

（7）加工制造赋能（包括产品研发、加工制造、检验检测等）。

（8）科学技术赋能。

（9）信息资讯赋能。

（10）客户服务赋能。

需要特别指出的是，产业互联网的赋能体系早已从简单的商品供应赋能，延伸到供应链与产业链整合升级过程中产供销的各个环节，而以上十大赋能体系又可以归纳为"物流＋商流＋资金流"三个领域的全方位赋能体系，需要融合在一起形成合力，也就是我一直强调的供应链与产业链管理三流合一的理念。

平台的赋能服务越多元化，平台就越有价值。平台对供应链与产业链任何一个环节的赋能提升，都有助于产业链的整合升级。

只要赋能是有真实价值的，就会产生相应的赋能收益。因此，真正具有赋能价值的产业互联网平台是不需要烧钱的，烧钱也烧不出产业价值。

多元化的赋能体系带来多元化的收益，这些收益相互带动、相互促进，就会形成全新的商业模型。

说到商业模型，我们需要介绍一下产业互联网的多形态订单流模型。订单流模型是商业模型的载体，独特的订单流模型体现了独特的商业模型。

相比消费互联网，产业互联网的订单流模型是非常复杂和多形态的。

同样是买酒的采购订单，2B 的采购订单比 2C 要复杂很多，因为它会涉及复杂的付款条件、商品交付方式与赋能体系的影响等。例如：首付款是多少？货物收到以后付多少？有多长的账期？到期以后付多少？需不需要有商业承兑汇票？需不需要开信用证？采购价格是出厂价、到岸价，还是到仓价？谁来承担物流成本？是运到买家那里，还是运到买家的客户那里？等等。

订单流模型其实是整个交易条件的体现，而交易条件的背后涵盖了各种赋能模式所带来的交易形式的变化。

一个需要金融赋能的采购订单，与一个不需要融资的采购订单，在交货模式上、物流仓储管理上、结算工具与账户体系上，都会有很大的差别。

我们再以定制化产品订单为例。不同于消费互联网，产业互联网平台上交易的商品很多都会有定制化的要求。因此，当买家下订单的时候，订单要素往往需要有很多自定义的内容，而不会像电商平台那样，从电子商城里选择标准化商品。事实上，很多产业互联网平台连电子商城都不一定需要搭建。

像这样的定制化商品订单需求，往往又会延伸出三种新的订单流模型。

（1）平台根据买家的定制化需求来寻找合适的供应商，当平台找到供应商并介绍给买家的时候，平台会撮合供需两端的需求，所以定制化订单会转变为撮合订单。

（2）如果平台不想让买家与供应商直接交易，而是自己参与其中扮演中间贸易商的角色，以确保自身的利益，撮合订单就会转变成为背对背订单。

（3）在撮合过程中，如果买家还需要平台提供更多的额外服务，比如沃尔玛需要定制10万件儿童夹克，这样的一个定制化订单，平台除了需要帮助沃尔玛寻找儿童夹克加工厂，还需要提供很多额外的供应链管理服务，比如平台需要根据款式要求，定向采购杭州的丝绸、印度的棉布、日本的拉链、韩国的纽扣，同时还要监督加工厂的生产，最后还要帮助沃尔玛完成整个物流的配送交付。于是定制化采购订单就会转变成为供应链外包订单流模型。

相对于撮合订单流模型或背对背订单流模型，供应链外包订单流模型由于提供了更多的赋能服务，其收益也更加多元化，商业模型也是完全不同的。

产业互联网平台的订单流模型有很多形态，我们很容易就能列举出十几种不同的订单流模型，例如：

（1）标准产品订单。

（2）定制化产品订单。

（3）促销产品订单。

（4）可售商品可售价格订单。

（5）自营订单。

（6）平台订单。

（7）背对背订单（返利/佣金）。

（8）竞价订单。

（9）撮合订单。

（10）供应链管理外包订单：采购外包、加工外包、物流外包、仓储外包……

（11）集采/集销订单。

（12）团购/团售订单。

……

每个不同的订单流模型背后都是一个独特的商业模型。而每一个产业互联网平台由于产业特征不同，核心企业的资源禀赋不同，赋能对象的赋能需求不同，订单流模型（即商业模式）也会有很大不同，甚至同一行业里的产业互联网平台都会有完全不同的订单流模型与商业模型。同一个产业互联网平台也会采用多种订单流模型，订单流模型越多，商业模型越丰富。

订单流模型是商业模型的载体与体现。多元化的赋能体系与多形态的订单流模型相互交叉融合，形成了产业互联网平台的独特性与复杂性，也形成了很多独特的商业模型。

我们以上文提及的酒类产业互联网平台为例：

如果该平台明确赋能的首要对象是区域代理和二批商，它们最大的痛点是缺少流动资金。因此，金融赋能是最容易切入并能带动交易上线的赋能服务。换言之，如果平台具备整合金融资源向区域代理和二批商提供融资服务的能力，那么这些区域代理与二批商的交易就会汇聚到平台上；出于融资风控的要求，平台就可以要求与这些交易相关的物流与仓储服务必须由平台提供；在交易规模的驱动下，平台就完全有机会整合市场上更有竞争力的物流仓储公司提供服务，并从中获取物流仓储收益。

这就意味着平台除了提供商品供应赋能，获取商品买卖收益或交易佣金外，还可以提供金融赋能、物流赋能与仓储赋能，获取金融收益、物流收益与仓储收益。这些多元化收益组合在一起，就会形成更有竞争力的商业模型。

平台可以将部分金融、物流、仓储收益用在营销上，通过有针对性的促销等大量返利活动，促进区域代理与二批商销售规模的扩大，而销售规模的扩大会带动采购规模的扩大，这样平台又可以通过集中采购的订单流模型，从厂家那里获得更为可观的供货折扣或返利。

由此，在商品供应赋能、金融赋能、物流赋能、仓储赋能的基础上，平台还可以进而延伸出营销赋能、经营管理赋能、行业资讯赋能、在线客服赋能等更多增值服务，通过规模效应整合更多的赋能服务商上线提供更有竞争力的赋能服务，这些赋能服务与多元化收益相互带动、相互促进，一个良性循环的核心竞争力也就形成了。

概括而言，这个酒类产业互联网平台可以循序渐进地搭建针对区域代理和二批商的八大赋能服务体系：

（1）供应赋能。

（2）营销赋能。

（3）金融赋能。

（4）经营管理赋能。

（5）物流赋能。

（6）仓储赋能。

（7）行业资讯赋能。

（8）在线客服赋能。

五大订单流模型：

（1）采购商城可售商品可售价格订单。

（2）供需撮合订单（推荐供应商）。

（3）定制化采购需求订单。

（4）促销产品订单。

（5）经管中心自由格式订单。

在其自营商品贸易的基础上新增六个盈利点：

（1）交易佣金（非自营商品）。

（2）物流差价。

（3）仓储差价。

（4）金融收益。

（5）广告收益。

（6）厂家返利。

这些赋能服务与盈利点相互促进融合，结合多形态的订单流模型，形成全新的商业模型，不断推动产业交易降本增效与资金融通；相比单一赋能的电商平台，这样的产业互联网赋能平台无疑具有更强的核心竞争力与产业价值。

3.1.3 核心要素内部化、非核心要素外部化

多元化赋能体系的搭建，并不意味着产业互联网平台自身需要具备所有的赋能资源，关键在于资源的整合。例如，平台提供金融赋能，并不意味着平台要有自己的银行，而是可以整合外部金融机构一起提供金融赋能。同样地，平台提供仓储赋能，并不意味着平台要有自己的仓库，而是可以整合外部仓储公司一起提供仓储赋能。

在这里，我们需要进一步强调第 2 章中提到的重要理念：核心要素

内部化、非核心要素外部化原则。

产业互联网是核心企业驱动的生态圈赋能体系。核心企业之所以成为核心企业，除了需要是产业专家外，还需要具有一定的资源禀赋优势，这正是形成产业赋能体系的基础。然而，核心企业仅靠自身的资源禀赋优势是不够的，能够整合外部赋能资源也非常重要；在这个过程中，核心企业需要不断地将赋能的核心要素牢牢地掌握在自己手里（核心要素的内部化原则），而对于赋能的非核心要素，则可以整合外部资源（非核心要素的外部化原则）。

然而，哪些要素是核心要素，哪些是非核心要素呢？这需要根据产业链的不同特征与核心企业的商业模型特征来确定，而这些要素的性质在不同的时间阶段也会发生转变。

我们仍然以上文提及的酒类产业互联网平台为例：

我们不难发现，若该平台明确赋能的首要对象是区域代理和二批商，则金融赋能是核心要素，需要平台自己掌握，否则无法带动交易上线并整合其他赋能资源。金融赋能带动了物流与仓储赋能，而酒类产品的物流与仓储服务是一个充分竞争的市场，市场上的服务商有很多，属于非核心要素，并不需要平台自己拥有，完全可以整合外部物流仓储资源来赋能。

然而，即使是作为平台核心要素的金融赋能，也并不意味着平台需要掌握金融赋能的所有要素。

我们可以将金融赋能进一步细分为三个要素：风控、效率与资金。在这三个细分要素中，平台更需要借助自身对上下游的供应链管理能力来把控融资风险、借助产业互联网交易平台来提升融资效率，将风控与效率两大要素内部化，将资金要素外部化，即在自身把握风控与效率要素的基础上，整合金融机构来提供资金要素，而不是完全使用自有资金。

这是供应链金融的核心理念，本书会在第三部分和大家详细阐述。

即便如此，如果 W 企业不是一家大型企业，哪怕它的平台具有风控与效率这两大核心要素，也并不意味着它有能力整合金融机构的资金要素。因此在发展初期，也许它不得不采用自有资金（即资金要素在初期有可能需要内部化）来落地实施、形成样板，进而逐步引入金融机构的资金要素。由此可见，是不是核心要素，是否需要内部化，不仅需要根据不同的企业特征来定，而且即使同一企业，在不同阶段，资源要素特征也会有很大不同。

当然，如果 W 企业连做样板的资金也拿不出来，就意味着它不是核心企业，没有掌握必要的核心要素，也就不具备对外输出赋能的能力了。事实上，很多试图借助产业互联网发展浪潮成长为核心企业的中小企业或互联网科技初创公司，都会面对这样的挑战。

换言之，虽然资源整合非常重要，但如果一家企业不具备任何核心要素的资源禀赋优势，也就不能称为核心企业，自然就无法很好地整合外部资源了。

我们把这一核心要素的资源禀赋优势，称为核心企业的软三元优势。

3.2 核心企业的软三元优势

3.2.1 什么是核心企业的软三元优势

核心企业掌握的核心要素的资源禀赋优势，我们称为软三元优势。它是核心企业整合外部资源、实现多元化赋能体系的基础，也是核心企业实现产业互联网数字化平台化赋能发展模式、驱动产业链整合升级的基础。

"软三元"这一概念最早源于管理学大师彼得·德鲁克 1962 年在《财富》杂志上发表的《经济的黑暗大陆》(*The economy's dark continent*) ⊖ 一

⊖ *Fortune,* April, 103-104.

文的观点。彼得·德鲁克在这篇文章中阐述了供应链管理领域的一个重要基础理念：任何削减采购和物流成本的构想都会直接影响企业的竞争力。

他提到的削减采购和物流成本的构想，对应着供应链管理中原材料采购、物流运输和仓储这三个成本领域，我们称之为"软三元"。

西方管理学家普遍认为，随着企业规模的扩大和效率的提升，这三个供应链管理的成本要素是最有机会降本增效、产生竞争力的；与之相对应的生产制造与劳动力成本（又称为"硬二元"）则较为刚性，降本增效的空间较为有限。

对此，戴尔的全球采购部门前副总裁于刚先生曾经以图3-1举例说明戴尔的软三元优势。

图3-1　戴尔的软三元优势

在图3-1中，戴尔每赚取1美元，约有60%（60美分）是用于供应链的软三元（原材料采购、物流运输和仓储）；与之相对应的硬二元，生产制造成本占15%（15美分），劳动力成本占15%（15美分），这两者加在一起为30%（30美分）；毛利润为10%（10美分）。

于刚说，在规模效应的驱动下，经过供应链精细化管理，戴尔可以从软三元里降低10%的成本。这10%的成本降低，意味着可以节省6美分，加到当前的毛利润上，毛利润就可以从原来的10美分变为16美分。这也就意味着在不增加任何销售额的情况下，通过软三元的降本增效，可以直接让毛利润增长60%。这是一个多么大的竞争力的提升！

戴尔的这张图对软三元优势的阐述非常直观。

核心企业往往具有一定的行业规模优势，而核心企业在供应链软三元上的比较优势就是核心企业的核心要素优势，是核心企业对外输出赋能的基础。

于是，这又延伸出另一个值得思考的问题：

戴尔是否应该将它的软三元优势向整个电脑产业链输出赋能呢？这么做会削弱其行业竞争力，还是会进一步强化其行业竞争力呢？

3.2.2　借助软三元优势实现平台化发展

我在给浙江大学EMBA同学教授供应链管理这门课时，常常会问他们这样一个问题：如果联想具有像戴尔一样的软三元优势，它是否会借助该优势向中国的整个电脑产业链输出赋能，从而实现平台化发展模式呢？

每次讨论这个问题，同学们往往会产生两种截然相反的观点，并且相互之间展开激烈的争论。但绝大多数同学都认为联想大概率不会输出赋能，主要有以下两个理由：

（1）联想会认为这将削弱自身的核心竞争力。

（2）联想没有生态圈合作共赢思维。

正如我在第2章中提到核心企业不核心的现象，尽管我们都意识到生态圈合作共赢的重要性，但在现实中，很多行业龙头企业依然较多地采用零和博弈思维。它们更多考虑的是同业竞争，是怎么能够借助自身的软三元优势把同行打垮，以确保自己的行业霸主地位。

事实上，借助软三元优势对外输出赋能不仅不会削弱自身的核心竞争力，反而会进一步强化自身的优势，并产生更强的核心竞争力与生态圈黏性，形成平台化发展的全新商业模型。

我在授课时常常会举以下这个例子：

深圳有一家电子科技制造企业S，它是惠普、宏碁等品牌商的笔记本电脑与平板电脑的代工商，每年也有十多亿元的销售额。作为一家中小规模制造企业，S公司采购英特尔或AMD的芯片、京东方的屏幕等关键零部件的成本要比联想高很多，在货源紧缺的时候还会面临供货不稳定的挑战，而这恰恰是联想的软三元优势。如果联想成立一家独立的电子科技领域的供应链管理企业，借助自身的软三元优势，向S公司提供采购赋能，既可以降低S公司的采购成本，又可以确保S公司的供应稳定；在此基础上，联想还可以向S公司提供采购代付的供应链金融解决方案，解决S公司采购零部件时缺少流动资金的问题，并为此提供配套的物流仓储服务。

换言之，联想可以向S公司提供零部件供应赋能、金融赋能、物流赋能、仓储赋能，充分解决S公司业务发展过程中的痛点；而联想不仅可以从中获取供货收益、金融收益、物流收益、仓储收益，还可以把S公司的采购额转变为自己的销售额，从而实现外生增长的平台化发展模式。

联想完全可以将用在S公司身上的赋能模式向中国的整个电脑产业链输出，复制到多个类似S公司的企业身上（出于同业竞争与赋能资源优势考虑，目标赋能对象一定是有选择性的，也是分阶段扩大的），因为S公司所面对的挑战与所需要的赋能服务具有很大的行业代表性与典型性。这也就意味着，如果联想能把电脑产业链上的所有目标赋能企业都纳入它的产业互联网平台赋能体系，那么这些企业关键零部件的采购，都会成为联想产业互联网平台上的采购额或交易总额（gross merchandising value，GMV）。

在此基础上，联想可以通过提升供应链精细化管理，进一步帮助上游零部件供应商做好产品规划、提升产品品质、降低产品成本、提高供应效率，甚至提供科技研发赋能，从而带动整个产业链整合升级，实现产业结构从低端制造向中高端制造发展的变革。联想也会从一个传统的电脑制造企业，逐步转变为中国电脑科技领域的产业互联网赋能平台与产业链整合升级的驱动者与引领者，其价值远非现在的传统电脑制造所能比拟。

如此更具价值、更有发展前景与想象力的模式，联想为什么不去做呢？除非联想已经失去了想象力。

3.2.3　引领和驱动产业链整合升级的主要力量

如果联想摒弃旧有思维，搭建产业互联网赋能平台，完全有机会重构中国整个电脑产业链的游戏规则。

进入到联想生态圈体系里的合作伙伴，能够从它的赋能体系中得到益处：实现降本增效，促进资金融通，获得更强的竞争力，更好地满足消费者需求。而进入到这个赋能体系里的合作伙伴越多，平台的交易规模越大，联想就越有机会进一步提升供应链管理的效率，降低成本，更好地把握产业发展与终端消费者的需求，并以此倒推整个供应链体系的搭建，形成良性循环。

相反，不进入这个生态圈体系里的企业就得不到赋能，就会因为缺乏竞争力而逐渐被淘汰。例如S公司，如果它不愿意进入到联想的赋能体系中，得不到联想产业互联网平台给予的赋能服务，那么它的关键零部件的采购成本就缺少竞争力；在货源短缺的时候，它就买不到英特尔或AMD的芯片或京东方的屏幕，也就无法及时履约交付产品。

这是产业生态圈重构、产业链整合升级的过程。

正如我在前文中一直强调的：企业与企业之间的竞争，其本质就是供应链与供应链之间的竞争，生态圈与生态圈之间的竞争。

对联想而言，其软三元优势不应该只为自身服务，而是要以此为基础搭建产业互联网赋能平台，向整个产业生态圈输出赋能，同时在赋能过程中整合更多资源，提供更多赋能体系，形成更有竞争力的生态圈，不断推动整个产业链的整合升级。这样，联想才能突破自身发展的瓶颈，实现平台化外生增长模式，这才是充满无限发展前景、可持续的发展模式！

核心企业是引领与驱动产业链整合升级的主要力量，核心企业的产业互联网多元化赋能体系是推动实现产业链整合升级的最佳途径。

3.3 案例分析：H 化纤网

H 化纤网是一家互联网科技创业公司搭建的化纤领域的产业互联网平台，其创始人是我的一位 EMBA 学员。这是一个颇具代表性的 2.0 阶段 B2B 电商模式的产业互联网平台。平台页面如图 3-2 所示。

图 3-2　平台页面

登录这个平台你不难发现，这是一个典型的以以供定需为主的B2B电商系统：平台上陈列了非常丰富的行业相关商品，也有很多行业资讯。可问题是：它该如何吸引企业客户上这个平台来交易呢？单靠商品丰富度与行业资讯就能够吸引买家上线交易吗？

如果该企业是化纤行业里的龙头企业，既具有自身产品在供应端的比较优势，又有物流、仓储、资金等产品交付领域的基础资源禀赋优势（即软三元优势），则有机会以自身产品与交付领域的资源禀赋优势吸引一定的企业客户上线交易，进而引入第三方供应商的产品，逐步实现平台化发展。

然而H化纤网的挑战在于，作为初创的互联网科技企业，它并没有行业龙头企业那样的行业基础和软三元优势，因此很容易走入死胡同，即供需两端的任何一端它都不具有优势，没有把控力。由于供应端没有更好的供应条件，需求端就更加不会有客户上线；而没有客户的交易规模，平台就无法整合外部赋能资源来驱动业务的增长，包括烧钱引流的风险资本投资。

我还记得2017年这位企业创始人学员来找我时提的第一个问题："老师，我该如何吸引更多的交易流量上我的平台呢？"

我反问他："你平台的赋能对象是谁？它们的痛点是什么？"

这其实并不是一个容易回答的问题。

如果你对产业互联网平台的本质认识不够清楚，或者对化纤行业的发展特征认知不够深入，你就可能满脑子想的都是如何买卖商品，而不会问自己：

- 我该为谁赋能：化纤原料制造厂、中间贸易商、终端用户，还是物流商、仓储商？
- 它们的痛点是什么？我该提供怎样的赋能体系？
- 这些赋能体系所需要的资源禀赋优势我是否具备？如果我不具备，

我是否有整合外部资源的能力？
- 我的赋能能力是否具有行业竞争力？如果化纤行业里的龙头企业，如中国石化（以下简称"中石化"）、巴斯夫等，进入产业互联网领域，我该如何与它们竞争？

……

这样的问题我们可以不断深入地问下去。问得越细，你越会发现，单靠一套电商系统是远远不能满足产业互联网的赋能需求的。多元化赋能体系的搭建需要很多基础设施与资源禀赋的支持，并不是靠一套互联网科技系统就能解决的。

当我引导这位学员去思考赋能对象时，就连究竟要不要赋能中间贸易商，都会成为争论的焦点。

消费互联网时代常说的去掉中间贸易商，在产业互联网领域真的适用吗？

中国的化纤行业还处在整合升级尚未完成的早期阶段，数以万计的原材料供应商、生产工厂、贸易商与终端用户遍布全国，交易效率低、成本高、资金融通困难。你该从哪方面入手实现赋能的突破，进而通过多元化赋能体系形成生态圈，重构效率、成本、资金这三大要素与交易流程，形成全新的游戏规则，让生态圈合作伙伴都通过你平台的赋能体系与游戏规则实现降本增效，促进资金融通，最终形成更有竞争力的生态圈，实现产业链的整合升级？

以上问题是每一位企业家在产业互联网时代都需要思考的问题。

这位创始人思考再三后告诉我："老师，我认为我们平台应该赋能中间贸易商，而不是取代它们，它们是行业交易不可或缺的动能。它们最大的痛点是金融，因为它们绝大多数都是轻资产的中小民营企业，融资难是它们最大的挑战！"

我很高兴他能有这一认知，这才是他在创建平台前首先应该考虑的问题。现在考虑清楚了，虽然意味着前期白走了一段弯路，但现在能这样想依然是一个进步。

金融赋能是产业互联网十大赋能体系中的重要赋能之一。在中国尚不成熟的金融资本市场里，中小企业融资难是各个行业都存在的问题。以金融赋能为切入，可以较为快速地带动物流、仓储、加工制造等相关赋能体系，进而拉动更多交易上线、更多赋能资源上线，形成一个良性循环的生态圈。

可问题是，你该如何实现金融赋能呢？如果金融机构无法解决这些贸易商的融资问题，你又该如何解决呢？你有把控金融风险的能力吗？你有募集资金或整合金融机构的能力吗？你能通过互联网科技提升贸易商融资交易的效率吗？

魔鬼都在细节里。

在实际业务场景中我们不难发现，那些行业龙头企业（如化纤领域的中石化、巴斯夫等）往往具有很多资源禀赋。例如，同样提供金融赋能，它们有用不完的金融资源可以为供应链上下游交易对手赋能。在金融赋能的基础上，它们也拥有极为丰富的仓储、物流、加工制造、原材料采购等方面的资源禀赋优势，完全可以用在这些交易对手身上，使其能够借助这些赋能降本增效、促进资金融通，进而实现升级发展。

可问题是，它们对于供应链上下游交易对手乃至产业链上的同行平行企业采用的究竟是零和博弈思维，还是真正意义上的生态圈赋能思维？即使它们真的愿意提供金融赋能，它们是否具有控制风险的能力呢？

以中石化为例：

中石化当然不缺金融资源，它找任何一家商业银行都能获得很多授信，而且融资成本非常低。然而现在并不是中石化自己要融资，而是中石化要帮助供应链上下游交易对手和产业链上的同行平行企业（它们普遍都是中小企业）获得融资。当它把这些交易对手介绍给自己的合作银行时，银行就能够给它们做融资吗？

答案显然是否定的。

本书的第三部分会对这一金融赋能体系做详细的分析。但在这里我希望大家能够思考以下几个问题：

（1）中石化向这些供应链与产业链上的中小企业提供金融赋能的动力在哪里？

（2）中石化该如何解决金融机构向这些中小企业提供金融赋能时所面临的风险问题、效率问题和资金成本问题？

（3）中石化应该由自己直接提供金融赋能，还是赋能金融机构，让金融机构来提供金融赋能？两者的差别与优缺点在哪里？

（4）若中石化能做好这一金融赋能，H化纤网该如何具备同样的金融赋能能力？若无法具备，是否有能力整合中石化这个外部资源来共同赋能H化纤网的生态圈合作伙伴？中石化被H化纤网整合的动力在哪里？

通过对上述案例的讨论与分析，大家应该可以更清晰地理解：

产业互联网的本质不是电商，而是供应链管理与生态圈赋能。生态圈赋能具有很强的产业专业性，需要对赋能对象的痛点有清晰的认知，并能够基于核心要素内部化、非核心要素外部化原则，以完善的供应链管理体系为基础，整合市场上的各个资源，共同搭建完善的赋能体系以及相对应的订单流模型。在这个过程中，行业龙头企业如果没有合作共赢的生态圈赋能思维，即使具有软三元优势，也无法搭建起有效的产业互联网赋能平台（即"核心企业不核心"现象）。相反，一些新兴的互联网科技企业或行业里的新兴企业，如果能够突破自身资源局限，一样有机会成为引领和驱动产业链整合升级的核心企业。因此，产业互联网平台的成功，并非搭建互联网科技系统或电商系统这么简单，它是企业在产业互联网时代的战略转型与企业发展的第二曲线。

CHAPTER 4
第 4 章

"黑寡妇"思维与全产业链布局的陷阱

在产业互联网的推动下,产业链的整合升级浪潮正在席卷各个传统产业。核心企业应该采用怎样的方式来引领和驱动产业链的整合升级呢?

4.1 不要做上下游通吃的"黑寡妇"

很多企业家都有做大做强的情怀,在这个情怀的驱动下,企业家们非常喜欢围绕产业链进行延伸扩张,以实现迅速做大做强的目标。尤其是一些行业龙头企业,在具有一定的市场规模与资金优势后,更是喜欢上下游通吃,希望以此来突破自身发展的瓶颈。于是,原本上游供应商提供原材料供应,下游渠道商进行渠道营销,物流仓储商提供物流仓储服务,科技公司提供软件科技服务,结果行业龙头企业在做大做强情怀的驱动下直接杀入各环节，把原来的合作伙伴全部"干掉"，直接抢占上下游各个环节的业务与收益，并美其名曰：全产业链布局。

这样的全产业链布局其实是有百害而无一利的，因为它破坏了整个生态圈。把上下游取而代之是典型的零和博弈思维，我将其称为："黑寡妇"思维。

"黑寡妇"是拉丁美洲的一种蜘蛛，这种蜘蛛在交配后，雌性蜘蛛会咬死并吃掉配偶，将其作为自己孵化幼蜘蛛的营养，因此民间为其取名"黑寡妇"。

一个产业链条是没有办法完全凭企业一己之力来搭建的。核心企业搭建供应链产业链时一定不能成为"黑寡妇"，要开放、合作，实现共赢。正如我在第 2 章中反复强调的产业互联网的核心价值观：摒弃零和博弈思维，积极拥抱合作共赢的生态圈赋能思维。

产业链纵向与横向延伸本身是一种无可厚非的战略。通过产业链的延伸，提升自己对产业链上核心资源的把控力，提升产品的附加值，走向价值链金字塔的顶端，这是完全正确的战略。但如果方式方法错了，尤其是在惯性竞争中的零和博弈思维驱使下，企业很容易陷入"黑寡妇"模式，最终掉进全产业链布局的陷阱。

企业家在进行产业链延伸布局的过程中，要牢记我在第 2 章中反复强调的两个产业互联网的核心理念：

（1）核心要素内部化、非核心要素外部化原则。

（2）合作共赢的生态圈赋能思维。

产业链上每一个环节的合作伙伴都有其存在的价值和一定的比较优势，否则，市场竞争一定会把它们淘汰掉。相较它们，你的进入未必具有同样的比较优势。换言之，你亲自去做，未必比合作伙伴更有优势。因此，与其想尽办法取代这些合作伙伴来自己干，还不如与合作伙伴形成更紧密的合作共赢的生态圈。

我们以华为的消费电子事业部（手机、电脑等消费电子产品事业部）为例：

你觉得华为是否应该进入渠道流通领域，去掉渠道经销商，自己直接开发终端用户？

很多人会借用消费互联网的思维，认为这是在减少中间环节，可以让利给终端用户。

但现实情况是，每一个渠道经销商都有其存在的价值：或是因为它在所覆盖的市场中有很好的分销渠道与客户关系，可以迅速触达数量更多、更多元化的客户，搞定特定的大型客户群；或是因为它在相关市场领域拥有更强的本地化服务能力，包括仓储、物流、垫资铺货能力等。

华为介入其中，把这些渠道经销商都甩掉，并不意味着华为具有同样的能力和比较优势去触达并服务好终端客户，而同时却会分散华为的精力与资源，不利于核心竞争力的聚焦。更关键的是，华为的介入破坏了生态圈合作共赢的基础，渠道经销商的利益被侵占后，彼此间的信任关系就被彻底破坏了，当华为需要再次寻求渠道经销商的帮助以触达客户时，就不会再有经销商愿意与它合作了。而且还有可能，这些渠道经销商会一扭头去和华为的竞争对手（如三星、苹果、小米）合作，华为的竞争力不但没有加强，反而被削弱了。

同样地，华为是否应该进入供应领域，取代所有的供应商，全部自己来干呢？

当然也不应该，道理是一样的。

每个供应商在其细分领域都有其存在的价值，你永远无法全部取代它们来自己干，即使取代了，也未必具有同样的能力或比较优势。你更不应该在合作到相对成熟的阶段后，把它们的业务抢过来自己干。如此破坏生态圈的做法，只会使得越来越多的供应商在与你合作时心存芥蒂，有所防备与保留，甚至会与你的竞争对手合作，并向其提供更有竞争力的服务。

当然，对于需要内部化的核心要素，则完全需要通过延伸产业链，牢牢地掌握在自己手里。但关键在于，哪些是需要内部化的核心要素，哪些是可以外部化的非核心要素。不同的要素在不同的时间阶段，性质会发生变化：过去是非核心要素，也许现在就成了核心要素，需要自己把控；过去是核心要素，也许现在市场成熟了，反而不再是核心要素，可以外部化与供应商合作。

我们以华为的手机芯片为例：

手机芯片对华为而言是核心要素，因为它决定了华为手机的性能与科技含量。

手机芯片是一条非常庞大的产业链，这个市场上没有哪家企业有能力端到端全部以一己之力来完成，即使是芯片霸主英特尔也做不到。因此，手机芯片是典型的全球产业链分工合作的代表。即使是手机芯片加工领域中的一个EUV光刻机设备，也是多国联手合作开发出来的，可谓集百家之长。而EUV光刻机也不过是芯片加工环节中的一个制造设备而已。

华为在把手机芯片内部化的过程中，首先是把芯片设计这一核心要素内部化了。它既是核心要素，也是一个相对可以实现内部化的核心要素，所以华为海思公司就应运而生了，并成为5G芯片领域全球顶尖的芯片设计公司之一，其设计的麒麟芯片已跻身当时世界顶级5G手机芯片之列。彼时华为的芯片制造环节是由台积电代工生产的，这是因为台积电拥有世界上最先进的芯片加工工艺制程。华为自己做，远没有台积电的加工制造能力与比较优势，所以即使芯片制造也是核心要素，但内部化的难度非常高，华为采用了由台积电代工的外部化模式。事实上，不仅华为如此，高通、英特尔等芯片巨头都是如此。它们自己芯片加工制造的能力比不上台积电，因此采取与台积电合作共赢的外部化模式效果会更好。

然而，在华为受到美国制裁后，台积电无法再为华为代工，这迫使华为必须把芯片加工制造也作为核心要素内部化，但这一目标的实现非常艰难。且不说动辄数以百亿美元的巨额投资，单就芯片加工的先进制程这一科技就基本掌握在西方国家手里，中国最先进的工艺都要落后至少三四代。芯片加工制造要用到的很多先进设备，更是遭到西方国家科技封锁，中国无法获得相应的设备来生产同样先进制程的芯片。即使华为海思拥有全球领先的芯片设计能力，但也需要用到西方国家的芯片设计软件，一旦被制裁导致芯片设计软件也无法使用，恐怕华为海思连设计这一核心要素也会失去内部化的能力。

因此对华为而言，芯片加工制造在初期也许不是核心要素，可以外部化给台积电，但在美国制裁后就成了核心要素，必须实现内部化。而芯片加工制造又是一个非常庞大的产业链，华为无法凭一己之力实现自给自足，需要进一步细化其中的要素，把更核心、更可把控的核心要素实现内部化，而其他核心要素只能外部化给其他可以整合并能实现合作共赢的生态圈合作伙伴。

当然，芯片作为未来智能科技发展的核心部件，华为是一定要实现内部化的，但这需要漫长的过程，也取决于华为的能力。也许华为最终能掌握芯片制造这一核心要素，实现很好的内部化，但毕竟像华为这样的企业凤毛麟角，绝大多数企业未必能做到。因此，是不是核心要素，是否有能力内部化，都需要因时因地制宜。

我们再以华为电脑为例：

华为有必要把电脑相关的零部件供应都内部化吗？答案也是显而易见的：没有必要。

在华为看来，不仅这些零部件不是它的核心要素（芯片除外），可以完全外部化，连组装加工都可以外包给比亚迪这样的专业代工企业。这也就意味着一个贴着华为品牌的电脑，无论是零部件还是组装生产，都不是华为自己完成的，都不是华为需要内部化的核心要素。华为真正需要内部化的核心要素是华为的品牌、软硬件设计与智能化应用体系，这些才是华为真正的核心竞争力。

类似的案例不胜枚举。

西方有很多大品牌商，其产品制造都在中国，但贴上它们的品牌后就身价倍增，而中国供应商只能从中赚取微不足道的制造环节的利润。在这些品牌商眼中，品牌、设计与市场营销是它们的核心要素，必须实现内部化，而生产制造则可以完全外部化给第三方。甚至在生产制造领域还出现一些专业的供应链管理公司，帮助这些品牌商整合上游的供应链体系，涵盖从寻找代工企业，到原材料的定向采购、代工企业的全程生产监督与品验、整合物流仓储商实现及时交付商品等，提供的可谓是端到端一站式服务，中国香港的利丰集团便是其中的典型代表。在这些专业的供应链管理公司眼中，供应链管理能力是核心要素，一定要实现内部化，而原材料供应、代工生产则是非核心要素，完全可以外部化。

这就是全球产业链分工体系越来越细化、越来越深度融合的结果。

华为在产业链延伸的过程中，已经清晰地意识到自己不能做上下游通吃的"黑寡妇"，不能把所有的上下游合作伙伴都取代，而是要清楚哪些是核心要素——一定要内部化，哪些是非核心要素——可以外部化。对于可以外部化的非核心要素，一定要采用合作共赢的生态圈赋能思维，充分发挥生态圈合作伙伴各自的优势，共同成长。即使是核心要素，也要清楚并不是所有核心要素都能够实现内部化的，对于那些目前无法实现内部化的核心要素，同样需要通过与生态圈合作伙伴分工合作、相互赋能来实现。

上下游通吃的"黑寡妇"思维，只会让企业陷入全产业链布局的陷阱。

4.2 全产业链布局的陷阱

W集团是中国一家大型的从事饲料生产的上市企业。一次我在和其企业总裁的沟通中聊起企业扩张的方式方法，这位总裁说："公司上市后有钱了，我们可以通过并购迅速扩张规模，并且通过并购做产业链的延伸布局。"

我问他："在并购过程中，差的企业你看不上，好的企业又不愿意被你并购，那该怎么办？"

他说："如果它拒绝我们的并购，我们就在它的工厂附近自建一个工厂，把它干掉。"

你听了也许会觉得有些好笑，但这确实是很多企业家的常见思维逻辑。

无论是自建（西方人称其为内生增长或有机增长），还是并购（西方人称其为外生增长或无机增长），分子公司的数量与规模都可以迅速扩大，但做大并不意味着做强。如果各分子公司之间没有做好供应链的整合，彼此间不协同、形不成合力，即使规模做大了，依然不强，不能实现"1+1＞2"。

如果一家企业连内部资源的协同整合都做不好，那么无论是自建还是并购，都无法实现可持续发展。通过大规模融资手段实现并购的外生增长，虽然可以快速扩大企业规模，但整合协同不好而导致并购最终失败的例子比比皆是。很多上市公司花钱并购了大量的企业后却一路走下坡路，甚至出现被并购企业员工大批离职、企业空心化的现象，最终导致"1+1＜2"的结果。

正所谓"并购容易、整合难"。花钱并购做大容易，做强才是真正的挑战。

下面我们来看一个例子。W公司通过自建与并购，在全国已拥有近百家饲料厂。然而每家饲料厂都各自为政，形不成合力，甚至连简单的集中采购都做不到。

生产饲料的原材料主要是玉米、豆粕等大宗原料。如果 W 公司把所有分子饲料厂的原材料采购都交由集团统一采购，就可以通过规模效应与高效率的供应链管理体系，降低成本，提高效率，迅速提高企业的毛利润，尤其是在采购、物流运输、仓储这软三元领域。

与戴尔的软三元模型类似，W 公司在大宗原料的采购、物流运输与仓储领域若能降低 5% 的成本，毛利润可以增长 30% 以上。通过集中化采购与高效率的供应链管理，降低 5% 的软三元成本完全可以做到。

不仅如此，W 公司还有机会通过集中化资金管理体系获得更好的现金管理周期与现金流，这些现金流不仅可以帮助 W 企业降低自身的银行信贷成本与负债率，提升企业在资本市场上的信用评级，还可以结合供应链金融解决方案，为上下游企业输出金融赋能来获取产融结合的收益。

饲料生产是准入门槛相对较低的红海领域，产业毛利润非常低。若能通过集中采购降低 5% 的采购成本，就可以增加 30% 的毛利润；而通过供应链金融解决方案向供应链上下游输出金融赋能，更可获得丰厚的金融收益，甚至超过传统的产业收益。我们不难想象，借助集中采购与供应链金融，W 企业可以把原来 10% 都不到的单一产业收益提升到 40%～50% 的产融结合收益，这是多么大的竞争力提升呀！在产融结合的驱动下，全新的商业模型与核心竞争力也就容易形成了。

然而这看似简单的变革，实施起来却会阻力重重。

每个分子公司都有各自的权力与利益，分子公司总经理会以各种理由阻挠原材料采购和供应链管理这两个重要职能的集中化管理。例如他们可能会说，集中管理会导致审批层级过多，脱离市场、降低效率，影响日常业务的开展；集中管理后成本不仅没有降低，反而上升了；集中管理后原有分子公司相应职能部门人员需要重新安置，困难很大，等等。

W 公司需要在集团层面搭建强大的采购与金融财务集中化管理体系，

同时确保落地实施的执行力，而且这一集中化管理的效率与成本一定要优于每个分子公司各自运营的效率与成本。集团通过行政命令固然可以强制实施集中化管理，但如果不仅成本与效率没能优化，还加重了官僚腐败与低效率，就会得不偿失，反而失去了分子公司分散管理的灵活性。

事实上，相比搭建外部供应链管理体系，企业实施内部集中化管理体系还是比较容易的，集中化管理所带来的降本增效也会非常显著。西方跨国企业在该领域已经有非常成熟的集中化管理体系，企业家们可以参考借鉴。

搭建企业内部集中化管理体系以实现软三元的比较优势，只是迈出了企业做大做强的基础性一步。接下来更重要的是搭建对供应链上下游的管理体系乃至整个产业生态圈的赋能管理体系。相对于缓慢的自建发展模式与高风险、充满不确定性的并购发展模式，通过对外输出赋能，实现供应链整合与产业链协同的平台化赋能发展模式，才是企业实现外生增长倍增效应的关键一步，这也是产业互联网时代非常有效的外生增长模式。当然，前提是企业必须先实现内部资源的整合与协同。

我们仍然以 W 公司为例：

如果 W 公司通过搭建集中化管理体系，实现了软三元优势，并具有了产融结合的能力，它是否应该对外输出赋能？如果要输出赋能，它的赋能对象是谁？赋能对象的痛点是什么？W 公司具有哪些核心赋能要素可以输出赋能？W 公司还需要整合哪些外部赋能要素来一起赋能？

面对同行竞争，W 公司以往或是自建工厂直面对抗，或是动用资本做简单粗暴的并购，但我们是否可以换位思考，采用产业互联网的平台化赋能发展模式，与同行平行企业共建生态圈，实现合作共赢呢？

W 公司在进入河南市场时，当地有一家经营多年的地方饲料厂 J 公司，每年有稳定的五六千万元的销售额。面对 J 公司的竞争，W 公司是在当地自建工厂与它直接竞争，还是并购它？如果它不愿意被 W 公司并购，W 公司是否可以以赋能的方式帮助它发展？在帮助 J 公司发展的过程中，W 公司实现了怎样的收益与发展？

J 公司虽然有近十年的发展历史，有着较为稳定的业务规模与利润，但受限于规模与私营非上市的性质，业务发展上存在很多瓶颈与挑战。例如，原材料采购成本比 W 公司这样的行业龙头上市公司要高 10% 左右，而且要现款现货；销售上又需要提供一定的账期，因此有较大的资金压力；由于缺乏产品研发的科技力量，产品以中低端为主，产品系列也不够完善；对于中大型养殖企业客户，J 公司既缺乏提供一站式服务的能力，也缺乏品牌影响力与议价能力，等等。

这些痛点仅凭 J 公司自身的力量是很难解决的。然而，在激烈的市场竞争下不进则退，如果不能突破瓶颈，J 公司将会面临逐步被市场淘汰的危险。

与其自建工厂与 J 公司直接竞争，或者花钱并购（未必成功），W 公司完全可以采用平台化赋能的方式来助力 J 公司的发展，例如：

（1）采购领域：W 公司借助自身采购领域的软三元优势，帮助 J 公司代为采购原材料，共同分享采购过程中成本的降低与效率的提升带来的收益。

（2）金融领域：W 公司借助自身的金融资源优势，在代为采购过程中向 J 公司提供采购代付的供应链金融赋能。当然，前提是 W 公司要搭建完善的供应链管理体系与有效的风控体系，这样才能整合金融机构资源，提供在线采购代付的融资服务。

（3）产品研发领域：W 公司借助自身在产品研发领域的优势，向 J 公司提供产品研发支持，帮助 J 公司提升产品品质，满足未来 W 公司客户在当地的采购需求。

（4）营销领域：W 公司借助自身品牌优势，帮助 J 公司提升在当地的营销能力。前提是 J 公司要采用 W 公司提供的原材料以及产品研发赋能，生产出来的产品符合W公司的品质要求，需要经过W公司的营销体系供应给相应的客户。

（5）物流领域：W公司借助自身在全国范围内整合的物流资源，在代为采购的过程中向J公司提供原材料物流配送服务，解决J公司在原材料物流配送领域成本过高的挑战。

在上述赋能过程中，W公司不仅可以从赋能中获取集中采购的软三元收益与金融赋能的产融结合收益，进一步强化其在软三元领域的规模优势，还可以通过多元化赋能体系把J公司的采购额与销售额都融入自己的产业互联网平台，实现外生增长的倍增效应。由此，即使W公司没有并购J公司，J公司的采购额与销售额也已并入到W公司的体系中，J公司也已成为W公司产业生态圈里黏性很强的合作伙伴。

并购容易、整合难。产业互联网平台化赋能发展模式是实现供应链整合与产业链协同的最佳途径，也是推动产业链整合升级的最佳途径。

在赋能模式的推动下，J公司可以突破自身发展的瓶颈，与W公司形成紧密合作、共同成长的生态圈合作伙伴关系，实现供应链整合与产业链协同。未来如果J公司愿意在股权上并入W公司，也是水到渠成、顺理成章而且成功率很高的事。

这就是典型的双赢模式。

平台化赋能发展模式也可以用在产业链的延伸扩张上，实现更有效、更高效的产业链整合升级。

我们还是以W公司为例：

W公司除了在饲料领域横向扩张，也在产业链上做纵向延伸扩张，尤其是向产业链的下游延伸发展。W公司从饲料生产起家，先后延伸到养殖领域、屠宰加工领域与食品加工领域，进而形成了自己在终端消费者那里的品牌影响力。

作为上市公司，W公司完全有资金实力自建或并购产业链下游各领域的实体，但由此而来的挑战在于，每一次产业链的延伸都会使原来的客户成为它的竞争对手。例如：

（1）以前养殖场是W公司饲料厂的客户，现在W公司进入了养殖领域，原先向它采购饲料的养殖场都成了它的竞争对手，这些养殖场还会继续向它购买饲料吗？

（2）当W公司从养殖领域进入屠宰加工领域时，原先向它采购活猪、活禽的屠宰加工企业都成了它的竞争对手，这些屠宰加工企业还会继续向它购买活猪、活禽吗？

（3）当W公司从屠宰加工领域进入食品加工领域时，原先向它采购猪禽肉产品的食品加工企业都成了它的竞争对手，这些食品加工企业还会继续向它购买猪禽肉产品吗？

W公司该采用怎样的产业链延伸扩张方式，既能实现快速扩张，又能形成更好的产业链整合协同的生态圈，实现可持续性发展？

对于这一问题，当时W公司内部争论纷纷。

我建议他们考虑采用自建样板+平台化赋能模式，即每延伸进入一个新的产业链领域，W公司都可以考虑自建一个实体，由W集团总部向这个实体提供赋能，形成样板；再以这个样板模式输出赋能给同行平行企业，就像在饲料领域W公司给J公司输出赋能一样，帮助同行平行企业共同成长。

我们仍然以W公司为例：

当W公司从饲料领域想进入养殖领域时，W公司可以先建一家示范养殖场，并在其中建立现代化养殖管理体系，涉及优质饲料的使用与种猪的供应，动物疫病防控的支持，养殖场远程温控、湿控、除粪、饲料上架、背景音乐等，以及在这个过程中所需的仓储物流赋能、营销赋能、供应链金融赋能等多元化赋能体系。样板赋能成熟后，再把这一赋能模式复制到有合作意愿的第三方养殖场企业中，以此来帮助同行平行企业共同提升养殖品质，使得它们最终生产出来的产品能够达到W公司的要求，从而进入W公司产业链延伸的下一个环节。

同样地，当W公司延伸到屠宰加工领域或食品加工领域时，也可以通过建样板输出赋能的模式，形成合作共赢的生态圈，共同推动屠宰加工和食品加工产业链的整合升级。

W公司产业互联网平台化赋能体系如图4-1所示。

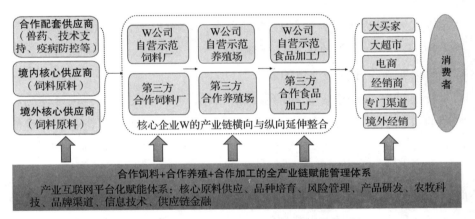

图4-1　W公司产业互联网平台化赋能体系

产业链的延伸不能采用上下游通吃的"黑寡妇"模式，而是要搭建供应链整合与产业链协同的生态圈。在平台化赋能体系下，W公司对被赋能对象具有端到端的供应链整合与把控能力，从而使得这些被赋能企业不自建却等同于自建。这就是典型的"不为你所有、却可以为你所用"的生态圈赋能模式。

核心要素内部化、非核心要素外部化，企业家如果不懂得采用合作共赢的平台化赋能模式，就非常容易陷入上下游通吃的"黑寡妇"思维中，最终掉入全产业链布局的陷阱。

4.3　管不住一头猪吗

实现内部资源整合，形成软三元的比较优势，只是迈出了生态圈赋能的第一步。搭建完善的供应链管理体系，才是保障平台化赋能得以实施的基础。

对于很多企业家而言，对内资源整合实现集中化管理还算相对容易，搭建完善的上下游供应链管理体系，进而发展成为整个产业链的赋能管理体系才是一项复杂的工程。

W公司在产业链纵向延伸的过程中如果采用平台化赋能发展模式，就必须搭建一个完善的供应链管理体系，只有这样，才能确保每次赋能都能落地实施，并取得理想的效果。

我记得有一次与W公司的管理层讨论：在产业链从饲料端延伸到养殖端的过程中，我们该如何实现多元化赋能，以帮助养殖企业按照我们示范养殖场的模式实现现代化科技化养殖，并与我们形成产业协同？

常用的模式是：W公司通过产业互联网平台系统整合内外部资源，向合作养殖场提供一站式供应赋能，涵盖自身提供的饲料与种猪、基于移动互联网科技的现代化养殖管理系统、第三方供应商提供的动物疫病防控产品，以及配套的仓储物流配送服务与供应链金融赋能。合作养殖场只负责养殖，最终把合格的活猪、活禽交给W公司，进入W公司产业链延伸的下一个环节：屠宰加工。屠宰加工环节也并不是完全依赖自建工厂的屠宰加工能力，而是通过平台化赋能体系整合市场上的屠宰加工厂一起合作发展。

在每一个产业链环节建样板是容易的，搭建现代化养殖管理系统也并非难事，但如何做好对生态圈合作伙伴的供应链管理工作才是关键与挑战。

我记得有一次讨论时，W公司一位负责养殖板块的副总裁站起来说：

"沈老师，我可能管不住一头猪。"

这句话听起来似乎很好笑，但其背后是复杂的供应链管理体系的搭建与实施问题。

如果养殖是自己集团内部工厂在做，管理是相对容易的，但如果需要通过赋能服务整合第三方养殖场协同养殖，W公司如何确保第三方养殖场养出来的活猪一定会履约交付给W公司？换言之，如果猪价上涨，养殖场可以把养出来的活猪加价卖给第三方，W公司如何确保这样的情况不会发生，即你该如何管住一头猪？

事实上，每一个产业链环节的延伸，都会出现同样的问题。比如你该如何管住第三方合作屠宰场屠宰好的猪肉？你该如何管住第三方合作食品加工厂加工好的猪肉食品？等等。

以上问题并不能简单地搭建一个样板工厂和一套互联网系统就能解决，而是需要组建专业的供应链管理落地实施团队，并按照完善的供应链管理体系负责运营日常的供应链管理工作。

供应链管理是生态圈赋能的基础，供应链管理体系不完善，就会出现"管不住一头猪"的现象。

很多行业里的核心企业在赋能过程中都会遇到类似的挑战：养猪的公司也许管不住一头猪，煤炭供应链管理公司也许管不住一吨煤，棉花种植企业也许管不住一朵棉花……之所以管不住，是因为缺乏完善的供应链管理体系。

供应链管理体系不完善，生态圈赋能就缺乏扎实稳定的基础，就很容易导致每个环节都要自己做，于是企业就容易掉入全产业链布局的陷阱。

供应链管理是搭建开放的平台化赋能体系的基础，也是核心企业引领与驱动产业链整合升级的核心要素，不仅需要内部化，更需要不断地优化与提升。

CHAPTER 5
第 5 章

产业互联网时代企业的数字化转型战略

我在前几章里多次提到了产业互联网不是科技系统项目，而是企业的战略转型与第二曲线：是 DNA 的变革，是"一把手工程"。这正是产业互联网时代传统企业数字化战略转型过程中的核心要点与挑战。之所以转型不易且成功者寥寥，是因为很多企业家把转型工作简单化了，尤其是对互联网科技系统的过度神化，而没有真正意识到科技系统并非关键，DNA 变革才是关键。

5.1　产业互联网数字化转型是战略转型

在产业数字化发展的浪潮下，企业的数字化转型也在如火如荼地开展。然而很多企业家对什么才是企业的数字化转型认知非常模糊：有些企业家认为自己企业在亚马逊、淘宝、京东、微信上开个网店，就叫数字化转型；也有企业家认为自己企业上了一套 ERP 系统或办公自动化系统，就叫数字化转型；至于应用在工业制造领域的工业互联网与产业互联网之间有怎样的差别，很少有人真正理解，甚至很多人将两者混为一谈。

企业的数字化转型并不是科技系统项目，而是战略转型项目；企业的 DNA 不变革，无论采用的互联网系统多么高深，都依然只是传统企业。

产业互联网时代的企业数字化转型，其本质是企业通过产业互联网平台整合市场资源，形成多元化赋能体系，给生态圈合作伙伴输出赋能的过程。这既是企业实现数字化平台化发展的过程，也是推动产业链整合升级的过程。

企业的数字化转型是战略转型工程，需要对企业的商业模型、组织团队、资源整合与科技系统等多个领域进行重新构建，而不是单纯地搭建一套科技系统。

然而在实操过程中，很多企业家常常会把它当作科技系统项目，交给首席信息官（CIO）去负责，并认为系统上线就算完成工作了。其结局无一例外都是失败的。

我曾经辅导过一家中国农贸批发市场领域的行业龙头企业 D 公司，它的数字化转型就是一个典型的例子：

D 公司管理的农贸市场是中国最大的农贸批发市场之一。尽管该市场有近千家商铺，每年市场交易达数百亿元，但其商业模式依然是非常传统的"包租公"收租金模式。

这也就意味着 D 公司不仅盈利模式单一（基本上以租金收入为主），其业务发展空间也受制于有限的场地规模，难有突破，更缺乏资本市场的想象空间，不仅发展受制约，行业的同质化竞争也很激烈。

D 公司所面对的挑战主要体现在以下三个方面：

（1）场内商户的场外交易越来越多，尤其是以税收洼地的场外公为载体做交易，甚至使用个人账户做交易，而场内商铺越来越变成一个与上下游联络沟通的场所，场地的价值正在被削弱。由于 D 公司并不参与到商户的日常交易中，因此不仅对场外交易没有任何把控力，连商户的场内交易也知之甚少，而场地价值的削弱将直接影响 D 公司的核心竞争力与市场价值。

（2）传统的"包租公"收租金模式很容易被复制，因此非常容易出现同质化的批发市场与之竞争。同时，场地的规模限制了发展空间，资本市场的想象空间基本没有。

（3）互联网带来的降维打击。越来越多的互联网科技企业进入传统农贸批发领域，通过线上线下联动，既能突破场地物理空间的局限性，又能形成更高效的引流与赋能能力，对单纯依赖场地交易与租金收益的传统批发市场而言，无疑是降维打击。

面对激烈的同行竞争以及互联网带来的降维打击，D 公司的数字化转型势在必行。问题在于，D 公司该如何转型：

- 传统的商业模型该如何变革？
- 业务发展的天花板该如何突破？
- 体现数字化发展的科技系统该如何搭建？
- 自己的资源禀赋与团队组织是否准备就绪？
- 新的核心竞争力该如何形成？
- 未来是否有机会获得资本的青睐并实现上市的目标？

……

这些问题就是 D 公司战略转型所要面对的挑战，而且事关其未来发展。对于习惯于靠收租金赚钱的传统批发市场管理企业而言，如此的战略转型并非易事。

D 公司的董事长其实很清楚自己公司当前商业模型的局限性以及数字化转型的重要性，然而在推动转型的过程中，他却依然把这个项目交给

CIO 牵头负责，而 CIO 也很自然地把它当作一个科技系统项目来安排。

错误的开始，必然会导致错误的结局。

如果连董事长自己对产业互联网的数字化转型与平台化发展都认知模糊，不知道该如何整合资源以搭建多元化赋能体系，也不知道赋能体系的搭建需要内部做怎样的 DNA 变革，那么 CIO 就更加不明白应该搭建怎样的产业互联网系统了，他可能甚至连业务需求都讲不清楚，更不用说解决方案与资源整合了。

其结果是，这位 CIO 参考了市场上很多互联网科技公司做的系统以及具有一定相似度的同行企业的做法后，找了多个软件商报价比价，最终搭建了一套 B2B 电商系统。

系统建成了，但由于对目标对象的痛点了解不深入，没有提供针对性的赋能服务，很少有商户愿意上线。D 公司以市场管理者的身份强制商户上线也是徒劳的、不可持续的。商户们可以象征性地在平台上开个线上商铺，但与现有客户的交易依旧在线下进行；即使是平台引流来的新客户，在彼此关系建立后，依然可以选择线下交易。于是 CIO 开始纠结要不要将系统改成自营电商模式，也就是自己直接介入到商户与买家客户之间，然后将这些背对背的三角贸易放在平台上。这样做固然达到了部分交易（主要是平台引流的交易）上线的目的，但也只是线下订单线上化的办公自动化过程，而并没有真正实现降本增效、资金融通、促进产业链整合升级的目的。更糟糕的是，由于 D 公司作为市场管理者直接下场交易，其竞争敏感性让很多商户产生顾虑与反感，于是生态圈的黏性不仅没有加强，反而被破坏了。

D 公司在做该项目的时候，觉得这是个科技系统项目，应该让 CIO 牵头主导；而 CIO 只关注自己的 KPI、系统开发成本，并错误地认为互联网数字化就是搭建一个电商系统或电子订单系统，忽略了企业战略转型的本质。因此该系统出现失败的结局是必然的。

现在 D 公司只能靠市场管理员每天线下收集各个商户的商品数据与交易数据，再录入到系统中。于是，这个系统彻底沦为交易数据统计管理系统，以及外部展示用的门户网站与看板系统。

类似的数字化转型失败的案例比比皆是，其原因都是由于企业家缺乏足够的战略规划与顶层设计，简单地把它当作科技系统项目。事先不做足够的战略规划与顶层设计，缺乏对需求的充分认知，没有真正有价值的赋能体系，失败是必然的。

互联网科技系统只是承载战略转型落地的工具，战略规划与顶层设计才是关键，而在落地执行上还需要体制机制的变革与内外部资源的整合。这是一个经年累月的战略工程，绝非搭建一套系统，在一朝一夕中就能够完成的。

事实上，在系统搭建工作开展之前，有很多战略规划与顶层设计工作需要 D 公司认真思考，例如：

（1）谁是你的目标赋能对象？谁是你的目标赋能对象：场内的商户还是场外的商户？哪种类型的商户（贸易商、厂家、大商户、小商户、生鲜等特殊类别的商户、二批商、终端零售）？商户的供应商还是商户的客户？提供仓储物流服务的服务商呢？如果有很多值得赋能的对象，哪个会是你首先切入的目标？你有能力为它们赋能吗？

（2）它们的痛点是什么？你了解这些多形态赋能对象的痛点吗？很多你认知中的痛点是真实的吗？对于这些痛点，你和多家商户做过深入的交流与验证吗？

（3）它们需要哪些赋能服务？有清晰的痛点就需要有针对性的赋能服务，哪些赋能服务才是它们真正需要的？这些赋能服务是刚需还是可有可无？针对这些痛点，你有能力搭建有效的、有针对性的赋能服务吗？这些赋能服务的成本是否具有市场竞争力，是否会因为成本太高，或者不够便利、或者有可能会造成竞争敏感等因素，导致它们不愿意采用？这些赋能服务是否具有可持续性、具备合作共赢的基础，而不是会损害某一方的利益，导致未来合作上的冲突？

（4）赋能服务中哪些是核心赋能需要内部化，哪些是非核心赋能可以外部化？赋能服务非常多元化，往往靠一己之力是无法全部提供的，所以需要进行资源整合。然而并不是所有的赋能服务都可以依赖外部机构的。赋能服务中哪些是核心赋能需要内部化，哪些是非核心赋能可以外部化？核心赋能内部化时，自己是否掌握赋能的资源要素？

（5）落地这些赋能服务，需要采用怎样的交易模型？交易模型（即订单流模型）的本质就是商业模型。不同的赋能服务需要不同的交易模型，也会产生不同的盈利模式，这些交易模型与盈利模式组合在一起，就会形成全新的商业模型。同样是 D 公司产业互联网平台引流来的客户，针对 X 客户可能需要采用背对背订单流模型，针对 Y 客户可能需要采用供应链外包定制化订单流模型，针对 Z 客户可能需要采用撮合订单流模型，甚至还有可能引入竞价、集采、团购等更为复杂和多元化的订单流模型，每个订单流模型背后都是独特的商业模型。因此进行落地赋能服务时，针对不同类型的客户，该采用怎样的交易模型呢？

（6）落地这些赋能服务需要怎样的团队？D 公司现有的业务团队大多是管理市场和催收租金的团队，其日常工作的职责与考核都是围绕着如何能够确保良好的市场秩序，并准时把租金收上来这一目标开展的。在产业互联网体系中，D 公司需要团队介入到各个相应的赋能服务过程中，既要整合内外部资源以提供更多更好的赋能服务，也要了解商户的交易情况与赋能效果并不断做调整，从而实现多元化赋能服务的收益。目前的团队能力是否能达到这样的要求？若达不到，该如何提升团队的能力与水平？是在现有的组织架构体系内升级团队，还是搭建全新的产业互联网平台，找新的团队来落地呢？如果需要搭建新的平台、招募新的团队，他们又该如何与现有的团队和组织架构实现资源整合和资源共享呢？

我们不难发现，如果上述的战略规划与顶层设计工作没做好，别说搭建系统了，恐怕连系统的开发需求都提不出来，或者即便提出来了也是错误的。

在产业互联网的发展初期，市场上涌现出一大批互联网科技公司，其中有很多都是从消费互联网领域发展起来的科技公司。当它们进入产业互联网领域时，依然带着消费互联网那种厚重的电商流量思维，并且过高地估计了互联网科技系统的力量，认为凭借一套高深的互联网科技系统就能颠覆传统产业、一统江湖，进而成为各个产业的新霸主。

在我看来，不懂产业的互联网科技公司最好别轻易去做产业互联网，因为它可能都不能真正理解产业链上的痛点与正确的赋能模式。被伪需求迷住眼的互联网科技公司比比皆是。它们中的很多公司会不停地纠结自己到底是要做自营还是平台，是否要做商品跨品类的扩充，是否要去掉中间渠道商而直通终端用户等，其实这些纠结的出现都在于它们并不真正了解产业的痛点和需求，也由此造成了自身商业模式的模糊不清。

产业中的龙头企业在做互联网数字化转型时，同样要面对巨大的挑战。它们的挑战不在于科技系统，而在于体制机制等 DNA 的变革。体制机制不变革，转型发展过程中一定会阻力重重，甚至寸步难行。

以 D 公司为例，我们提到了很多在搭建科技系统前就应该重视的战略规划与顶层设计工作：从了解产业特征、明确目标赋能对象入手，根据它们的痛点来整合资源、打造赋能服务体系、设计相应的订单流模型、搭建产业互联网赋能系统、升级团队与科技系统以确保落地实施，这一切都需要详细完善的战略规划与顶层设计。这些工作无论对于传统企业还是互联网科技公司都是非常重要的。

企业的互联网数字化转型不是科技系统项目，而是战略转型项目，科技系统的搭建往往是最后一步。如果之前的战略规划和顶层设计都未做好，没有经过充分的论证，就盲目地搭建一套系统，那么花的都是冤枉钱。而动不动就推倒重来，不仅浪费大量的金钱与时间，还会造成企业内部对转型变革的信心崩溃。

我们需要摒弃科技万能这一错误认知。战略转型是需要持续不断提升的赋能过程，是无法靠上线一套系统就能立刻实现的。如果搭建互联网科技系统就能实现战略转型的话，那么像阿里巴巴、腾讯这样的互联网巨头早就一统江湖了。

5.2 产业互联网数字化转型是"一把手工程"

产业互联网时代传统企业数字化平台化发展战略的出发点，就是要牢牢掌握产业互联网的核心价值：核心企业的供应链管理与生态圈赋能的价值。也就是说，传统企业一定要把自己定位成细分生态圈里的核心企业，并通过供应链管理与生态圈赋能体系来驱动产业链的整合升级。

要实现这一变革，传统企业首先在管理体制与机制上就要让自己从内部化管理驱动模式转变为外部化赋能驱动模式。

这是非常具有挑战性的 DNA 变革。

事实上，很多对内赋能的职能部门与现有的资源是无法以同样的形式对外输出赋能的。企业家需要为此做很多管理体系上的变革，这些变革主要体现在以下四个重要环节：

（1）商业模型重塑。

（2）组织团队升级变革。

（3）内外部资源整合。

（4）科技系统创新。

在这四个重要环节中，科技系统的创新往往是最后一环。如果前三个环节的工作没有做好，科技系统的创新往往就只是技术上的创新，并不能确保真正满足目标赋能对象的需求，科技系统的创新也就流于形式，失去价值了。

我们仍然以 D 公司为例。

5.2.1 商业模型重塑

商业模型的重塑需要从目标赋能对象入手：谁才是你需要真正的目标赋能对象？它们的痛点是什么？它们需要哪些有针对性的赋能服务？这些赋能服务是刚需且可持续的吗？这些赋能服务能产生怎样的收益？这些多元化的收益组合在一起，是否会产生新的商业模型？新商业模型的落地需要采用怎样的交易模型（即订单流模型）来提供支持？

D 公司应该把场内商户（批发贸易商）作为首先切入的目标赋能对象，进而延伸到上游的供应商和下游的二批商与终端零售商。然而，D 公司的 CIO 对场内商户的痛点的认知并不清晰。出于职业背景的影响，他对场内商户痛点的调研与认识往往是从科技系统与办公效率的角度展开的，因此导致他所设计的赋能服务是不全面的，甚至是浮于表象的。例如：

CIO 发现批发市场里的很多批发贸易商都没有数字化管理系统，甚至不会使用电脑。很多商户老板用一个小笔记本记账，无论是向供应商采购还是卖货给客户，商户老板都是通过一两个电话安排好业务后随手记录在小笔记本上，连上下游的联系方式也是写在这个小笔记本上。如果这个笔记本弄丢了，稍早以前的交易可能就记不住了。于是 CIO 认为给这些商户提供一套电子订单系统或电子记账系统，应该就是一项很好的赋能服务。

这当然是一项不错的赋能服务，可问题是，这项赋能服务是否足够刚需，是否能足够有效，足以让这些商户把目前的线下交易放到线上呢？而且这样的系统在市场上是否存在很多替代品，甚至可能存在像"管家婆"这样的免费软件呢？

由此不难发现，单靠办公自动化系统来提高商户的办公效率是不够的，也并非这些目标商户的主要痛点，因此它是不具备足够有效且可持续的赋能价值的。

如果 D 公司做足够全面深入的调研，就不难发现这些商户的最大痛点其实是在资金上。它们的业务增长稳定，淡旺季特征明显，因此会有阶段性、季节性的资金需求。但由于它们都是中小企业，没有信用记录，没有抵押物，没有正规的财务报表，甚至交易时连公账与私账都不分，所以很难从传统金融机构那里贷到款。

如果 D 公司能够借助其对商户的管理体系来控制风险，引入合作金融机构提供金融赋能，并在金融赋能的基础上加入物流与仓储服务（这两项服务既是增值赋能服务，也是金融赋能必需的配套服务，实现以控货变现为风控手段的目的），也许局面就完全改观了。

商户进行交易也许可以不用电子交易系统，但如果采购或销售过程中缺钱，业务就难以为继了；或者虽然业务量大幅增加，但没有足够的冷链仓储配送能力（既要高效及时，又要成本有竞争力），生鲜商品无法保质并及时地交付给客户，业务开展就受到影响了。所以对于这些商户来说，相较于办公自动化，金融赋能与冷链仓储物流配送赋能才是更刚需、更有效、更可持续的赋能服务。

在金融赋能与冷链仓储物流配送赋能的驱动下，这些商户上线交易也就自然而然实现了。在此基础上，系统中再加入一些办公自动化工具（如电子记账功能）、电子支付结算工具（如支付宝）与广告宣传等营销赋能服务，一个多元化赋能的产业互联网系统就形成了。而且通过这一赋能平台可以更加高效地整合更多的赋能服务商（如金融机构、仓储商、物流商等）加入到赋能服务中，从而提供更多更有竞争力的赋能服务，由此一个良性循环也就形成了。

在这一赋能体系中，D公司的收益也就从传统的租金收益延伸到了金融收益（既包含融资收益，也包含商户交易过程中在产业互联网平台上沉淀的大量资金所带来的存款收益）、物流收益、仓储收益、营销促销的广告收益与业务撮合佣金等多元化收益。例如：

D公司的产业互联网平台给A商户宣传引流，带来一个新客户——生鲜商超公司X。X客户在产业互联网平台上下电子订单给A商户，D公司通过产业互联网向A商户提供达成该交易所需要的三个赋能服务：

- 金融赋能：A商户卖货给X需要提供30天账期，A商户资金不够，需要融资；D公司通过全程供货+协助变现+控制回款等辅助风控手段，引入合作金融机构给A商户提供供应链融资服务。
- 冷链物流配送赋能：A商户需要采用冷链车每天两次向X供货，物流配送的成本与效率非常关键；D公司通过自身的规模效应与市场议价能力，可以整合市场上更多更好的冷链物流配送服务商，确保配送的及时性并降低配送成本。
- 冷链仓储赋能：A商户向X供货品种繁多，需要有中转冷库用来备货，并做一些基础包装服务；D公司通过场内自建与场外租赁相结合的模式，通过集约化数字化管理，向场内商户提供高效率、低成本的冷链仓储服务，确保商品的冷藏保存。

这也就意味着，这样一个简单的X商超客户的采购订单（也就是A商户的销售订单），D公司可以从中获取多元化的收益：介绍客户促成交易的交易佣金，融资服务与沉淀资金的金融收益，冷链物流配送的物流收益，冷库仓储服务的仓储收益，包装品验的检验检测手续费。完成订单可能有四五个新的收益，这些收益组合在一起就会形成一个全新的商业模型。

不仅如此，这些费用的收取方式也同样是至关重要的：

- D公司是以背对背订单的形式参与到A和X之间的交易里,将赋能收益转换为商品买卖差价收益,还是让A与X直接交易,D公司通过产业互联网平台收取手续费?
- 若收手续费,是向A收还是向X收?向A收,意味着A会收到X的足额支付款项(包含了D公司的手续费),而A付给D的手续费是对应的订单交易成本;向X收,则意味着在这个订单里A和D都是X的供应商,X向A商户仅支付货物款(不包含D公司的手续费),X向D公司支付服务手续费。

我们不难发现,这些不同的费用收取方式会造成完全不同的交易模型,其商业模型也是完全不同的。

同样是D公司引流来的客户,对X公司可能采用背对背订单流模型(D公司的手续费转变为买卖差价),对Y公司可能采用供应链外包定制化订单流模型(Y公司向D公司支付手续费),对于Z公司可能采用撮合订单流模型(D公司向商户收取手续费),甚至还有可能引入竞价、集采、团购等更为复杂和多元化的订单流模型,而每个订单流模型背后都是一个独特的商业模型。这些都是要在平台系统搭建前就要事先做好的顶层设计。

D公司在战略规划与顶层设计上的工作如果足够完善深入,就能够向场内商户这一目标赋能对象提供九大赋能服务,采用六大订单流模型,并在传统租金收益的基础上新增五大盈利来源。

九大赋能服务:

(1)市场管理赋能。

(2)商户经营管理赋能。

(3)供应赋能。

(4)营销赋能。

(5)物流赋能。

（6）仓储赋能。

（7）金融赋能。

（8）资讯赋能。

（9）客服赋能。

六大订单流模型：

（1）可售商品可售价格订单。

（2）经管中心自由格式订单。

（3）供需撮合订单。

（4）供应链外包定制化采购需求订单。

（5）促销产品订单。

（6）背对背订单。

新增五大盈利来源：

（1）交易佣金。

（2）广告收益。

（3）物流差价。

（4）仓储差价。

（5）金融收益。

5.2.2　组织团队升级变革

我们在上文中提到，D公司现有的业务团队大多都是管理市场和催收租金的团队，其日常工作的职责与考核都是围绕着如何确保市场秩序并准时把租金收上来。在产业互联网体系中，D公司需要团队介入到各个相应的赋能服务过程中，既要整合内外部资源以提供更多更好的赋能服务，也要了解商户的交易情况与赋能效果并不断做调整，从而实现多元化赋能服务的收益。目前团队的能力是否能达到这一要求呢？

以D公司资金部为例：

资金部的传统职责就是为了解决 D 公司自身的融资需求，因此它在整合金融资源时，也完全是从满足自身融资需求的角度来进行的：自己需要多大的资金规模，自己在信用上需要提供怎样的担保增信等风控措施。

当需要对外输出赋能时，D 公司资金部需要了解生态圈合作伙伴的融资需求是怎样的，D 公司作为核心企业该如何帮助金融机构控制风险提供增信，从而整合金融机构一起向生态圈合作伙伴提供金融赋能，并在此基础上实现收益共享。

当赋能主体从自身转变为生态圈合作伙伴时，当资金不再只是为了满足自身需要时，当信用不再只是自己的信用时，资金部就已经不再是对内赋能的业务支持中心与成本中心，而转变成了驱动业务发展的赋能中心与盈利中心，从某种程度上讲，其职能已如同一家小银行。

随之而来的问题是：资金部的团队具备这样的能力吗？考核体系是否需要跟着做调整呢？金融资源整合能力足够强吗？是否需要科技系统的配合与支持呢？金融赋能与金融收益是否要与其他赋能体系和其他赋能收益融合在一起，形成合力以及全新的商业模型？在金融资源不够用的情况下，是先满足自身的需求，还是先满足生态圈合作伙伴的需求，抑或是有更好的方案解决这一矛盾？

再以 D 公司物流仓储部门为例：

物流仓储部门的传统职责就是为了解决 D 公司自身的物流仓储需求，因此它在整合物流仓储资源时，也完全是从满足 D 公司自身需求的角度来整合物流仓储资源的。

然而，当 D 公司物流仓储部门需要对生态圈合作伙伴输出物流仓储赋能时，它该整合怎样的物流仓储资源来满足这些合作伙伴的需求？价格该怎么定？是自己搭建物流仓储资源还是整合外部资源？如果是整合外部资源，它该如何确保这些资源是有竞争力的？物流仓储部门的考核体系是否需要调整？是否需要调整现有的物流仓储管理系统来满足外部客户的需求？物流仓储的赋能收益是否要与其他赋能服务和赋能收益融合在一起，形成合力以及全新的商业模型？给外部客户提供赋能会不会影响自己对内的赋能工作，尤其是在业务快速增长、物流仓储资源不够用的情况下，是先满足自身的需求，还是先满足生态圈合作伙伴的需求，抑或是有更好的方案调度和平衡资源？

在很多情况下，我们不难发现企业现有的组织架构与团队能力，是不能满足产业互联网数字化发展过程中向生态圈输出赋能这一核心价值要求的。我们当然可以从外部招聘更多、更有能力的团队主导推动这一工作，但它们是在现有的组织架构体系中来推动，还是搭建全新的产业互联网平台与组织架构来落地呢？如果需要搭建新的公司、招募新的团队，它们又该如何与现有的团队和组织架构实现资源共享与整合呢？

5.2.3　内外部资源整合

金融赋能是核心赋能，但 D 公司是否掌握金融资源这一核心要素呢？如果没有掌握，D 公司该如何整合掌握这一要素的专业金融机构来一起提供赋能服务呢？即使掌握了，在落地服务时，是取代金融机构自己来做融资，还是通过产业互联网系统提供辅助风控手段、整合金融机构，共同控制风险并共享收益呢？

这也就意味着金融资源的整合并不是简单的拿来主义。

如前文所述，市场上的传统金融机构多半是没有能力向这些商户提供融资的。它们需要 D 公司提供帮助，尤其是在风控与效率这两个领域：

（1）风控领域：如果 D 公司通过其供应链管理体系，能够帮助金融机构实现 A 商户向 X 商超供货过程中的全程控货与商品交付工作，并且在 A 或 X 可能出现弃货现象时提供协助存货变现的支持，则该融资风控中所隐含的欺诈风险、履约风险与信用风险都可以得到极大地控制或缓释。

（2）效率领域：如果 D 公司以融资风控为由要求 A 商户与 X 商超之

间的订单交易全部线上化，而且对接的物流仓储系统实现控货配送以及商品交付等端到端的全程管理工作，并且对接合作金融机构的融资系统，实现商流、物流与资金流的在线三流合一，从而使得合作金融机构可以在线审核交易背景、在线获得 D 公司的辅助风控支持、在线放款、在线进行资金管理、在线还款，全过程实现在线自动化，大大提高融资效率并降低融资成本，从而把融资服务大面积复制到数百家商户，每年在线处理数万笔交易，形成可持续的规模效应。

由此可见，整合外部金融机构的资源并不是简单地介绍和撮合工作，而是需要 D 公司扮演核心企业的角色，承担核心企业的信用价值转移责任（辅助风控与增信），并通过产业互联网场景交易系统提供更高效率的赋能服务。上述两个领域的工作对于 D 公司而言，是需要做不少内部管理体制与机制的变革的，包括团队能力的提升，组织架构与考核体系的调整等。但我们必须清楚地认识到，这就是核心企业的价值之所在，以及它之所以具备整合资源的能力的原因。也正是在核心企业的帮助下，传统金融机构才能够突破局限，融入产业互联网体系，向数百家商户提供在线金融赋能。

实现金融赋能有三大要素：风控、效率、资金。D 公司提供了风控与效率要素，金融机构提供了资金要素，这同样是核心要素内部化、非核心要素外部化原则的体现。D 公司之所以能够整合金融机构的资金要素，就是因为 D 公司提供了风控与效率要素。如果 D 公司无法提供风控与效率要素，就很难实现整合金融机构资金要素的目标。

然而，当 D 公司掌握了风控与效率这两个要素，它是否可以同样掌握资金要素呢？如果能够掌握，那么 D 公司还需要整合外部金融机构吗？

事实上，如果 D 公司自身是一家上市公司，有较好的市场信誉与资质，当然具备掌握资金要素的能力，也完全有机会取代传统金融机构而直接向商户提供金融赋能。但是具备金融赋能的能力与是不是一定要取代金融机构自己来做赋能，是两个完全不同的战略规划与顶层设计。即使掌握了金融赋能的所有要素，D公司取代传统金融机构而直接做金融赋能是否就一定是最佳选择呢？事实上并非如此，这里面又有很多需要考虑的因素，包括监管等方面的因素。

因此，即使金融赋能是核心赋能，需要内部化，但在内部化的过程中，也需要进一步细化。例如，是否需要将金融赋能中的风控与效率要素内部化，而将资金要素外部化？

由此可见，内外部资源整合作为战略规划与顶层设计中的重要一环，有很多细致的工作要做。

在上文中，我们仅以金融赋能为例进行了阐述，其实这样的细致工作也同样适用于其他赋能模式。

以冷链物流为例：

在D公司的商业模型中，冷链物流赋能与金融赋能一样，也是核心赋能。那么D公司应该自建所有的冷链物流车队，还是整合外部冷链物流服务商？相比自建车队，或者商户自己找冷链物流服务商，D公司整合外部冷链物流服务商是否能获得更高的效率、更低的成本以及更稳定的运力呢？整合的最佳形式是什么，长租、竞价，还是通过算法来降低空载、减少空程，等等。

上述这些问题都是企业从内部化管理驱动模式转变为外部化赋能驱动模式所面临的挑战。

5.2.4 科技系统创新

我们不难发现，产业互联网系统不是办公自动化系统，也不是ERP系统，而是对外赋能系统；产业互联网公司不是软件公司，而是生态圈赋能公司。我们不能神话互联网系统，千万不要认为有一套高深的互联网系统就会有业务上线，坐在电脑前打字是打不出业务的。我们也要摒弃消费互联网的烧钱引流模式，产业价值源于赋能价值，有赋能价值就有盈利能力，烧钱是烧不出产业价值的。

科技系统创新固然重要，却是最后一环。没有实现商业模型、组织团队以及资源整合领域的变革，科技系统再高深也是无的放矢的。

科技系统的创新需要围绕着生态圈赋能这一核心价值，在商业模型重塑、组织团队升级变革与内外部资源整合的基础上，才能真正实现互联网科技赋能产业的价值。

关于科技系统创新，本书第10章与第11章将详细阐述。

核心企业所有的赋能体系最终都可以归纳为三个流的赋能：信息流、物流和资金流。信息流是由CIO负责的，物流是由首席运营官（COO）负责的，资金流是由首席财务官（CFO）负责的，能管住这三个流和这三个O的人就只有CEO。因此，战略转型从来都是"一把手工程"。只有一把手牢牢把握住生态圈赋能这一核心价值，并驱动这三个O目标一致、齐心协力，在商业模型重塑、组织团队升级变革、内外部资源整合、科技系统创新这四个重要领域实现变革与突破，才能驱动企业真正实现数字化平台化的战略转型。

第三部分

产业互联网 + 供应链金融 = 产融结合

金融赋能、产融结合已经成为主流，并且在重构企业的商业模型。它并不只是给核心企业带来丰厚的金融收益，更是核心企业驱动产业链整合升级最有力的武器。

CHAPTER 6
第 6 章

重新定义供应链金融

供应链金融是产业互联网多元化赋能体系中金融赋能的核心工具，在供应链金融基础上形成的产融结合体系，不只是给核心企业带来丰厚的金融收益，更是核心企业驱动产业链整合升级强有力的武器。应该说，供应链金融+产业并购正在成为核心企业推动产业链整合升级最有力的金融赋能双轮驱动模型。

供应链金融并不是新生事物。企业给其下游客户做赊账贸易，就是供应链金融最原始的形态。只不过彼时的企业尚没有撬动金融杠杆的认知，更不懂在获取金融杠杆的同时还要改善自身的财务报表，在帮助上下游合作伙伴的同时，还可以获得金融收益，在获得金融收益的同时，还能促进生态圈的黏性与产业链的延伸和规模化发展。

在国际金融资本市场上，以花旗银行、渣打银行、汇丰银行等为代表的国际商业银行早在21世纪初就推出了以核心企业为中心的"N+1+N"供应链金融解决方案，涵盖供应商融资、经销商融资、发货前订单融资、发货后发票融资、货押融资等一系列产品。

2005年，花旗银行牵头联手五家国际商业银行，给戴尔电脑全球近百个核心供应商提供了50亿美元的"从发货前到发货后"供应商融资解决方案；2006年，渣打银行牵手六家国际商业银行，为INDITEX/ZARA设计推出了覆盖全球二十多个国家、近千家核心供应商、涉及十多亿美元的在线供应商融资解决方案[⊖]。这些成功案例为供应链金融在全球的发展树立了标杆，成为各家商业银行学习、模仿并试图超越的典范。不仅如此，以GE、UPS为代表的大型核心企业集团也搭建了自己的金融平台，并把供应链金融当作核心业务来推动，其目的与戴尔、INDITEX/ZARA完全一致：通过供应链金融搭建与上下游合作更紧密的生态圈。

供应链金融对于很多发展中国家而言依然是一个较新的金融领域，这些国家由于金融资本市场尚处于发展的初级阶段，金融机构的业务也大多处于传统信贷融资阶段，在风控上依然高度依赖传统的抵押担保式的风控模式，在科技上依然缺乏互联网金融科技的创新力与开放性，在理念上依然采用零和博弈思维和封闭生态圈理念，因此在实操上通常把供应链金融做成了具有贸易背景的流动资金贷款。与核心企业相比，无论是在战略协同方面，还是在借助互联网科技实现对贸易的全流程参与方面，跨时空在线的高效率融资方面，以及多元化资金募集方面，都有较大的局限与差距，更缺乏搭建开放金融生态圈的理念。

6.1 从未被满足的中小企业融资需求

供应链金融的迅猛发展，其真正的动因是源于传统金融体系与监管

⊖ 作者在银行从业期间全程参与了这些项目与系统的解决方案设计。

环境下所形成的一个巨大的未被满足的中小企业融资需求，该动因在中国、越南、印度这样发展迅速的经济体中尤为显著。

6.1.1 赊账贸易中存在层层拖欠现象

在很多国家，处于金字塔顶端的大型企业借助自身的强势贸易地位拖欠供应商货款的现象非常显著，由此造成从金字塔顶端开始层层向下拖欠货款的现象，这就形成了巨大的应收账款融资需求，而应收账款融资只是供应链金融体系中的一个环节。如果我们把供应链金融的内涵从应收账款延伸至产业链各个交易对手的发货前、发货后、货物在途、货物在仓、收货后开票前、收货后开票后等各个实际交易环节，供应链金融的市场规模是极其巨大的，并会伴随着贸易规模的扩大而迅速扩大。

以中国为例，据不完全统计，2016 年中国非金融企业应收账款余额规模达到 16 万亿元，工业企业应收账款规模已超过 10 万亿元。供应链金融服务商主要面对的中小型工业企业，总应收账款规模已超过 6 万亿元。[一]如果把供应链交易环节中的各个融资场景算在内，其真实的供应链金融市场规模甚至有可能达到百万亿元人民币的"天量级"规模。

在成熟的金融资本市场里，金融机构给企业提供的融资服务并非以传统信贷为主，而更多的是基于贸易与供应链金融的融资解决方案。这不仅是因为贸易与供应链金融具有真实贸易背景与自偿性，因此风险更低，更是因为这是金融促进产业发展的最佳途径。因此其需求并不只是简单的个体融资需求，而更多的是金融促进产业发展的需求。

6.1.2 融资难与金融资源错配相互交织

中小企业融资难问题已成为很多发展中国家的顽疾，这是由多个复

[一] 资料来源：《2017 中国供应链金融调研报告》，中国人民大学中国供应链战略管理研究中心、华夏邓白氏、万联供应链金融研究院联合编撰。

杂因素交织而成的，它包括法律体系的不健全、中小私营企业的信息不透明与操作不正规、金融资本市场的封闭等诸多方面的因素。

很多发展中国家的金融资本市场尚不发达，金融体系大多是以国有商业银行为主导的封闭体系，而企业融资绝大多数都依赖于商业银行的传统信贷。对于传统金融机构而言，无论在风险管理上还是在融资回报上，对中小企业发放信贷都是一种费时费力、不经济的金融行为：中小企业缺乏可用于抵押的固定资产、财务数据不透明、贷后管理费时费力，金融机构还要承担较高的信用违约风险。如此高风险、高成本、低效率、低回报的信贷业务，对于这些金融机构而言缺乏吸引力，这使得在这些市场中，中小企业融资难的困境一直难以得到有效解决。

而与之相对应的是，各行业大型龙头企业身上汇聚的金融资源非常丰富。大型金融机构纷纷向它们输出天量的信贷资金支持，甚至动辄数十亿元，而这些企业其实是不缺乏资金或募资渠道的。对资金有真正迫切需求的是其产业链上的众多中小企业。也就是说，融资需求正在从核心企业向供应链与产业链的上下游延伸，而这些上下游企业基本上都是处于相对弱势地位的中小企业。它们对于资金的需求极其旺盛，但真正能够从金融机构那里获得的信贷资金支持少之又少。可以说，中小企业融资难问题与金融资源错配问题相互交织，造成了金融资本市场上巨大的未被满足的融资需求，而这正是供应链金融得以迅猛发展的核心动因。

供应链金融是解决中小企业融资难问题与金融资源错配问题的最佳良方。这是因为，借助核心企业的信用资源，以及核心企业对上下游管控的供应链管理体系与可追溯的贸易数据，将原本汇聚在核心企业身上的金融资源向上下游延展推送，实现对信用价值转移体系的构建，从而满足整个供应链与产业链上下游对金融资源的需求，同时也使核心企业能获得更好的产融结合收益与更有黏性的生态圈。

这正是供应链金融的核心价值所在。也正因为如此，供应链金融的真正驱动者不是传统金融机构，而是核心企业！

6.2 重新认识供应链金融

6.2.1 什么是真正意义上的供应链金融

供应链金融对于很多人而言都是非常陌生的领域，即使是在商业银行从业多年的专业人士，对于供应链金融的认知也往往是片面甚至错误的。

早期从事供应链管理的人士大多集中在物流领域，因此很多人都把供应链管理等同于物流管理，供应链金融也就被等同于物流金融了。因此一谈到供应链金融的商业模型与风控体系，很多从业人员往往都从物流控货的角度入手，而很少从信息流与资金流的角度思考问题，更不会从核心企业供应链管理的角度思考问题。这其实是认知上的局限。

即使是在金融行业从业多年的专业人士，很多时候也会把供应链金融与贸易融资混为一谈，甚至把互联网小额信贷和具有贸易背景的流动资金贷款当作供应链金融。

其实他们都没有了解供应链金融的本质：供应链金融是核心企业驱动的生态圈金融，核心企业的信用价值转移体系是其核心价值所在。

这里有三个关键词：核心企业、生态圈、信用价值转移体系。

6.2.2 自融还是他融，变现压榨还是真实赋能

供应链金融并不是核心企业自身需要融资，而是核心企业驱动的给其供应链上下游交易对手乃至整个产业链合作伙伴的融资赋能，我们也称之为生态圈金融。

核心企业生态圈里的合作伙伴往往有很多中小企业（越是整合升级未

完成的产业越是如此），它们自身规模与信用有限，很难独立从金融机构那里获取足够的金融资源，而借助与核心企业的交易并依靠核心企业的信用价值转移体系，则可以较为高效地获取金融资源；核心企业将自身丰富的金融资源赋能给生态圈合作伙伴，不仅可以帮助这些合作伙伴解决金融资源获取不足的问题，还可以加强与这些合作伙伴共赢的生态圈黏性，当然也可以从中获得合理的金融收益，并带动其他生态圈赋能收益的成长。这无疑是个双赢的局面。

然而在实操过程中，很多"核心企业"却往往没有生态圈赋能的理念，而把供应链金融当成了变相压榨上下游的工具。

我们以反向保理供应商融资为例：

反向保理是核心企业给供应商提供的常见的供应链金融解决方案之一。由于核心企业的强势贸易地位，供应商往往需要在供货后向核心企业提供一定的付款账期，这既是核心企业的应付账款账期，也是供应商的应收账款账期。

在很多发展中国家，付款时行业龙头企业拖欠供应商 90～120 天的情况非常普遍，甚至有很多大型行业龙头企业会拖欠供应商 180 天的货款，而且到期后还不给现金，只给一张商业承兑汇票。

核心企业希望有更长的付款周期，而供应商希望能够提早收到货款。为了解决这一矛盾，很多核心企业都会向供应商提供反向保理这一融资赋能服务，即核心企业向自己合作的金融机构提供应付账款确权或付款承诺函等形式的基于信用价值转移体系的支持，以便金融机构可以借助核心企业的信用提早支付货款给供应商，并对供应商无追索。这样，供应商既解决了资金问题，又可以改善财务报表。当然，供应商需要为此支付一定的融资利息，但在核心企业信用价值转移体系的帮助下，该融资成本比供应商靠自身力量募资的成本要低很多，而且更加高效。

然而这一双赢解决方案却被一些"核心企业"转变成为变相压榨供

应商的模式，甚至把压榨手段做到了极致，颇有点无所不用其极的感觉。例如，核心企业在与供应商签订供货合同时，往往会加入一条不起眼的条款：禁止转让条款。它是指，供应商在本合同项下的各种权利（当然也包括应收账款权利），若未得到买家（核心企业）的同意，不可以转让给第三方。

很多供应商都是中小企业，在合同条约方面的专业性并不强，往往不会关注这个条款，也不懂得这个条款所带来的问题。即使个别供应商感觉不舒服，想要取消这个条款，面对强势的核心企业，也大多没有讨价还价的余地。还有的供应商规模较大，有一定的话语权，希望能够与核心企业协商取消该条款，此时核心企业会给出一个听上去非常合理而且令人无法反驳的理由：本合同是我方（核心企业，买家）与你方（供应商）之间的供货合同，我方不希望由于你方把合同项下的权利让渡给第三方，导致我方与不认识的第三方发生业务关系，影响你我双方之间业务的正常开展。

为了能提早收到货款，供应商会想办法找金融机构提供融资解决方案，而金融机构提供的常见解决方案就是正向保理融资：供应商提出应收账款保理融资申请，买家（核心企业）提供应付账款确权支持，金融机构基于买家确权，借记买家授信，提早支付一定比例的货款（通常是合同金额的80%）给供应商，到期后从买家那里收到足额的货款，在偿付融资款之后，将剩余款项支付给供应商，完成交易。

这原本是一个普遍常用的贸易融资解决方案，但金融机构往往无法实施，原因很简单：禁止转让条款！由于该条款的存在，金融机构若想借用核心企业的信用（因为供应商是中小企业，自身信用不够好，无法达到金融机构融资的准入门槛），就必须得到核心企业的同意，以豁免该禁止转让条款的限制。

然而，核心企业会同意吗？

当然不会。否则，这些核心企业就没有必要在合同中加入该条款了。原因也很容易理解，供应商从金融机构那里获取正向保理融资，就会占用金融机构给核心企业的授信。授信是稀缺资源，是有成本的，是不可能让供应商免费使用的。更何况，核心企业为此还需要向金融机构提供应付账款确权的支持，这会使核心企业到期失去付款的灵活性与主动权。

这听上去似乎是一个无解的方案，但有些核心企业却能"化腐朽为神奇"。

它们不让供应商自己找金融机构做正向保理融资，而是主动把自己合作的金融机构介绍给供应商，让供应商与这些金融机构做反向保理融资。这两者唯一的差别在于，正向保理融资是供应商发起的应收账款保理融资，而反向保理融资是核心企业发起的应付账款保理融资。当然，其目的是一样的，那就是让供应商提早获得货款。

为什么核心企业一边拒绝供应商发起的正向保理融资，一边又主动提供自己发起的反向保理融资呢？

原因很简单：利益！

核心企业在主动提供反向保理融资方案时，早已与合作的金融机构达成了利益分配机制：供应商支付的利息与核心企业在金融机构端的募资成本之间的利差全部由核心企业获得，而金融机构只获得以核心企业信用为对价的资金成本。换言之，由于核心企业提供了确权或付款承诺，其信用替代了供应商的信用，因此融资对应的成本就是核心企业信用所对应的成本。

以 L 企业为例：

L 企业从金融机构那里获得的募资的利率可能连年化 3% 都不到，供应商付给金融机构反向保理融资的利率却往往高达年化 8%，两者之间年化 5% 的利差收益便是 L 企业获得的。也就是说，L 企业赚取的融资收益远高于金融机构（金融机构收取的年化 3% 的利息中还有其自身的募资成本）。

你也许会觉得这对供应商不公平，事实上未必如此：

- 供应商付出 8% 的利息其实远比它们以自身信用从市场上募集资金的成本要低，而且效率要高很多。否则，供应商不会采用这个反向保理融资方案。从这个角度上讲，该融资方案具有一定的市场性。
- 至于核心企业从中赚取了比金融机构更高的融资收益，供应商其实是无感的，因为这是核心企业与合作金融机构之间达成的利益分配机制，供应商并不知道；或者即使知道了也无所谓，因为供应商关心的只是自身的融资利率是否够好，融资效率是否够高，而不是核心企业可以从金融机构那里获得多少金融收益。
- 至于只能选择核心企业指定的合作金融机构，核心企业给出的理由也很充分：如果每个供应商都自己安排金融机构，就会导致核心企业需要面对无数家金融机构，很多金融机构与核心企业业务上未必有合作关系，没有账户、授信或系统对接上的基础，这会给核心企业带来很多操作上的复杂性。而核心企业统一安排金融机构，则可以非常高效，融资手续可以标准化，融资交易可以实现完全线上化，加上融资利率具有一定的市场竞争力，绝大多数的供应商都会觉得很合理。

你也许会觉得这对金融机构不公平，事实上也未必如此：

- 核心企业把握着交易场景与供应商资源，合作金融机构通过一点接入核心企业的产业互联网场景交易系统，就可以一下子获得成百上千乃至上万的供应商资源以及庞大的融资业务，而且在金融科技系统的帮助下融资交易可以实现完全的线上化，效率高、成本低、风险低，具有规模效应。
- 至于融资利率，由于核心企业提供了应付账款确权或付款承诺函的支持，金融机构其实是借用了核心企业的信用，因此获得与该信用所对应的风险对价也完全合理。

- 合作金融机构有机会成为核心企业的主要付款银行，获得核心企业巨大的存款资金，因此反向保理融资业务对于各个金融机构而言其实是一块香馍馍。

事实上，很多大型核心企业都会成立自己的金融平台（如商业保理公司），直接向供应商提供融资服务，以便获得更高的收益与效率，合作金融机构反而被边缘化为资金输送者的角色。在资金募集上，核心企业的保理公司完全可以借助核心企业的信用，对于保理资产，在金融资本市场上通过资管计划、资产证券化（ABS）等形式直接募集资金，从而形成了一手通过自己的保理公司做资产、一手通过金融资本市场卖资产来募集资金的模式。该操作模式已类似于一家商业银行的做法，而且日趋成熟。

从在采购合同中加入禁止转让条款，到指定合作金融机构做反向保理来获得丰厚的金融收益，到用自己的金融平台取代合作金融机构，再到从金融资本市场上直接募资，核心企业在该方案上所采用的各种手段，其目的都是为了确保自身利益最大化！

这些从本质上讲，都不能算是真正意义上的赋能。

供应商之所以要融资，是因为核心企业凭借其强势地位要求供应商提供付款账期。此时供应商为了提早收回自己的货款还要支付融资利息，其本质是核心企业在采购与资金上给供应商的双重压力。因此，这算真正赋能吗？

事实上，供应商对资金的需求往往发生在发货前，也就是供应商在收到核心企业的采购订单后需要有足够的流动资金来组织原材料的采购与生产制造之时，而这时的融资需求是反向保理所不能覆盖的。对于发货前的订单预付款融资服务，供应商有更为迫切的需要，却很难从传统金融机构那里获取。核心企业若能在下采购订单的同时，给供应商提供一站式供应链金融解决方案，涵盖从发货前的订单预付款融资到发货开票后的反向保理融资，才是真正意义上的金融赋能。

然而这一赋能服务对核心企业而言却要求颇高，因为核心企业需要为此承担供应商的履约风险。换言之，如果供应商提早获得了预付款，却不交付产品，或是交付的产品不合格，就会导致核心企业的付款风险。因此，核心企业若要向供应商提供订单预付款融资赋能，就一定要具有很完善的供应商管理体系，以确保供应商能够及时合格地履约。然而，很多核心企业并没有完善的供应商管理体系，它们与供应商之间的合作仅仅停留在原始的采购压价层面，并没有深入到供应商的采购与生产体系中，而且，这一体系的建立也并非一日之功。

不仅供应商融资如此，经销商融资更是如此。

绝大多数核心企业与其经销商之间的合作也仅仅停留在供货压货层面，它们压根就不关心经销商是否有融资需求，甚至连经销商的客户是谁、卖货过程中存在怎样的挑战都不去关注。即使是具有经销商融资赋能思维的核心企业，很多时候也只是把经销商介绍给自己的合作银行，并不提供任何额外的信用价值转移体系的支持，如共享交易数据、确认订单的真实性、确认发货、确认对方已签收，确保自身的履约完成；若出现经销商逾期，则会采取停止发货、降级或取消经销商资格、控制返利、协助变现货物等软担保措施。没有核心企业信用价值转移体系的支持，仅仅是一个银行关系的嫁接，是无法解决经销商融资难问题的。

核心企业若想提供上述软担保措施，同样需要具备完善的经销商管理体系，并需要为此承担一定的风险，这无疑给核心企业的管理体系带来更高的挑战。但这才是核心企业真正意义上的供应链金融赋能，才是其获得供应链金融收益的真正价值。

正如我在前文反复强调的：企业与企业之间的竞争，其本质是供应链与供应链之间的竞争、生态圈与生态圈之间的竞争。核心企业通过供应链金融解决方案赋能供应链与产业链交易对手的同时，也是生态圈合作共赢形成的过程，更是产融结合新商业模型形成的过程。

6.2.3 科技不是万能的

虽然供应链金融和贸易融资都具有贸易自偿性的属性，但两者之间的根本差别在于：供应链金融由核心企业驱动，而贸易融资则不是。贸易融资是融资个体的自融，往往没有核心企业的参与和协助，因此除了借助贸易自偿性原则外，融资个体并没有得到核心企业的信用赋能，即没有得到核心企业信用价值转移体系的支持；供应链金融则不同，供应链金融是核心企业驱动的生态圈金融，因此生态圈合作伙伴除了借助贸易自偿性原则外，还可获得核心企业信用价值转移体系的支持。

每次提到核心企业的信用价值转移体系，很多人都会认为这是核心企业提供的金融担保，或是核心企业给生态圈合作伙伴直接放账期或做贷款。这同样是认知上的误区。

核心企业信用价值转移体系的本质是核心企业的增信体系，它既可以包含金融保函、信用证、银行承兑汇票、商业承兑汇票、付款承诺函等形式的硬担保模式，也包含基于其供应链管理体系所形成的软担保模式，如应付账款确权，共享交易数据，核实贸易背景真实性，协助实现资金闭环控制，协助控货变现，增加生态圈违约成本等。

不同于发展中国家金融资本市场中常采用的简单粗暴的硬担保模式（很多传统金融机构普遍喜欢采用简单粗暴的抵押担保模式，而该模式有着很大的局限性），西方发达资本市场中的核心企业与金融机构较常采用的是基于核心企业完善的供应链管理体系所形成的软担保模式，这既不会增加核心企业资产负债表的压力，还可以有效地控制金融风险，因此是一个可持续的信用价值转移体系。

在核心企业完善的供应链管理体系的加持下，金融机构可以更高效地把控供应链金融与贸易融资体系中普遍存在的三大风险：欺诈风险、履约风险、信用风险（见图6-1）。

图 6-1　供应链金融与贸易融资体系中存在的三大风险

（1）防欺诈：核心企业作为直接交易对手，或者通过提供产业互联网场景交易平台参与交易，可以较为容易地确保贸易背景的真实性，防止欺诈风险的产生。

（2）保履约：核心企业作为履约主体，或者通过其供应链管理体系来实现贸易交易的全生命周期管理，可以较为容易地确保交易中供应商的履约交付能力。

（3）控信用：核心企业作为最终付款主体，或者通过其供应链管理体系来提供多形式的信用价值转移，实现信用主体的替代或增信，可以很好地帮助金融机构把控信用风险。

在供应链金融的三大风险把控中，很多金融科技公司往往会高估金融科技系统的力量，甚至把其金融科技系统神化了。它们言必称 ABCD（AI：人工智能，Block Chain：区块链，Cloud Computing：云计算，Big Data：大数据），仿佛采用这些科技就是解决一切风险的良方，以至于是否有核心企业的赋能都是无所谓的。甚至很多金融科技公司会自豪地告诉核心企业：我并不需要你的赋能，我凭借自身的金融科技力量，可以直接给你的上下游企业提供融资服务。

这样的认知同样是非常错误的。

仅凭一套金融科技系统，其实很多金融科技公司往往连买卖双方的贸易背景是否真实都很难分辨，更不用说把控买家的信用风险与卖家的履约风险了。它们所谓的大数据风控，很大程度上只是针对个体信用的分析，只适用于一些小额短期的信贷融资，而且授信通过率很低，对于大型供应链金融项目的应用有着很大的局限性。

至于市场上炙手可热甚至被神化的区块链技术，也仅仅是确保避开了数据传递过程中易被篡改的风险（而具有类似功能的技术很多，区块链技术既不是唯一的也未必是最好的技术），而不是数据本身真实性的保证，更不用说买卖双方相互关联串通的欺诈风险了。

至于市场上很多核心企业提供基于区块链技术的信单类产品（代币，Token），它与传统的电子商业承兑汇票并无本质差别，只是增加了电子票据易于分拆、流转、融资的便利性而已，而这一价值定位很容易被替代。换言之，这类区块链信单类产品的真正价值依然在于核心企业的信用背书，而不在于区块链技术本身。如果核心企业信用不好或者不愿意提供应付账款确权或付款承诺函的支持，区块链技术本身解决不了任何信用问题。

至于核心企业的利益诉求，则更加无法靠一套金融科技系统来解决。如果核心企业的利益诉求得不到满足，连禁止转让条款都得不到豁免，更不用说核心企业提供确权或付款承诺函抑或区块链信单了，借用核心企业的信用也就成了空中楼阁。

在当前阶段，金融科技大多只能作为辅助的风控手段以及提升融资效率的工具。面对供应链金融所存在的欺诈风险、履约风险与信用风险，单凭一套金融科技系统是远远不够的。金融科技企业满足核心企业的利益诉求，与核心企业形成合作共赢的战略协同，获取核心企业的信用价值转移体系才是关键。

供应链金融不是金融机构驱动的，而是核心企业驱动的。而之所以由核心企业驱动，不仅是因为核心企业把控着生态圈里的场景资源，更重要的是，核心企业提供了信用价值转移体系，而这是供应链金融"N+1+N"模型得以实现的基础，也是供应链金融与传统贸易融资的根本区别。可以说，基于核心企业供应链管理能力的信用价值转移体系，才是最佳风控工具。

6.2.4 谁是供应链金融的真正驱动者

面对供应链金融的巨大市场需求，传统金融机构的困境显而易见。

如同上文所述，传统金融机构无论在产业链交易场景与客户资源的获取上，还是在风控与效率这两大基本要素上，都缺乏核心竞争力。即使唯一的资金优势，也会随着金融资本市场的进一步开放而逐步丧失。

在尚不成熟的金融资本市场体系中，传统金融机构普遍缺乏与核心企业合作共赢、共享收益的理念与激励机制，也就导致了无法获得核心企业的交易场景、客户资源以及信用价值转移体系的支持。而试图摆脱对核心企业依赖的去中心化思维，又进一步加剧了金融机构与产业交易场景的脱离，更不用说与核心企业实现战略协同了。这就使得产业与金融的相互融合与促进，与金融机构去中心化思维背道而驰，并且渐行渐远。

与之相对应，在产业互联网与金融科技的加持下，核心企业正在迅猛崛起，成为产融结合的驱动者与主导者。

越来越多的核心企业开始意识到，自己和上下游企业之间的关系并不是零和博弈的关系，而是一个合作共赢的生态圈；任何一家靠单打独斗或压榨上下游来发展自己的企业都是不可持续的。基于这一意识的核心企业正在迅速崛起，以核心企业为中心的 N+1+N 生态圈模型也在日益普及。

在很多发展中国家，由于金融资本市场还不是很成熟，金融资源是供应链与产业链上中小企业非常稀缺的资源。在供应链与产业链上都居于主导地位的核心企业汇聚了大量的银行授信资源，却并不需要融资，而它的上下游中小企业迫切需要融资，却往往较少得到银行的金融资源支持。这一典型的金融资源错配问题，使得供应链金融成为解决供应链与产业链生态圈里众多中小企业融资需求的最佳方案，也因此成为核心企业整合供应链与产业链最有力的武器。金融供应链也由此取代了物流供应链，成为核心企业越来越重视并推动发展的最重要赋能领域。

在很多传统企业家眼里，金融历来都是银行的专利。然而，传统商业银行在封闭金融体系内所形成的僵化机制与同质化竞争，使得很多企业不得不在传统商业银行体系外寻找更为灵活的金融资源。

随着金融资本市场的不断开放，以及产业互联网与金融科技的爆发式发展，各种形态的新兴金融机构开始蓬勃兴起，而其中，核心企业的自金融现象尤为显著。它们凭借自身丰富的金融资源以及对供应链与产业链的把控力，通过自金融平台给其生态圈合作伙伴提供资金，以满足它们业务发展过程中对流动资金的迫切需求。

核心企业自建金融平台的发展与产业互联网、金融科技的发展颇为同步，甚至可以说是相辅相成的。

我们把早期由商业银行主导的线下供应链金融时代称为"1.0时代"。随着核心企业的崛起以及产业互联网与金融科技的蓬勃兴起，供应链金融进入由核心企业与金融科技公司联手主导的"2.0时代"。在这一模式下，核心企业成为供应链金融的主导者，它们希望借助供应链金融来整合产业链，进而推动整个产业链的升级。由此，核心企业需要获得更大规模、更加稳定、更可持续的资金流的支持。依靠自身信用进行募资是不足以支撑整个产业链发展的，因此核心企业必须突破商业银行单一资金渠道的限制，进一步扩展多元化募资渠道，尤其是从金融资本市场直融的渠道。

随着互联网快速从上半场的消费互联网进入下半场的产业互联网，越来越多的核心企业开始意识到互联网所带来的生态圈理念的重要性，以及以供应链金融为核心的产融结合解决方案对企业增强核心竞争力的重要性。基于产业互联网与金融科技的新一代供应链金融体系，正在成为凝聚生态圈、推动产融结合的核心解决方案。它并不只是给核心企业带来丰厚的金融收益,更是核心企业驱动产业链整合升级最有力的武器。金融赋能产业、实现产融结合已成为主流,并且在重构企业的商业模型。我们将这一基于产业互联网的新一代供应链金融体系称为供应链金融3.0——产业互联网生态圈金融。

产业互联网生态圈金融是同时具有产业链特征与互联网特征的生态圈金融。它既具有贸易金融自偿性的产品特征,又有核心企业生态圈强势控制力的产品特征,同时也具有鲜明的产业特征,因此它与传统信贷在风控体系上有很多不同之处,它既需要有足够的金融专业性,也需要有足够的产业专业性。

核心企业自金融模式的根本特征是生态圈化,而抓手就是供应链金融。之所以供应链金融是整合产业链最有力的武器,是因为资金需求是很多发展中国家产业链发展上的痛点和稀缺资源,尤其是对于那些供应链与产业链上数量庞大的中小微企业来说。

早期核心企业的自金融平台大多以担保公司与小贷公司为主,所提供的金融解决方案也大多是以核心企业担保+商业银行贷款为主,或是以自有资金通过小贷公司放款的模式给上下游企业提供融资支持,这既缺乏以产业互联网赋能体系为核心的在线场景交易平台,也缺乏金融科技驱动的在线风控体系与融资体系,更缺乏多元化的金融资本市场募资能力,无法形成一个从做资产到管资产再到卖资产的金融闭环体系。

随着金融资本市场的不断开放,以及产业互联网与金融科技带来的全新解决方案,核心企业的自金融平台有了全新的发展。

(1)在平台形态上:出现了商业保理、融资租赁公司、互联网小贷公司、消费信贷公司等新型的资产金融平台,以及信托、基金、证券、保险等一系列管资产与资金募集平台。

(2)在科技手段上:先是搭建基于多元化赋能体系的产业互联网场景交易与赋能平台,进而在平台中嵌入电子账户体系、第三方支付结算、在线供应链融资与募资等一系列金融解决方案，产业＋金融的产融结合双生态圈系统应运而生。

（3）在募资体系上：随着金融资本市场的进一步开放，信托计划、私募基金、资管计划、资产证券等金融资本市场直融模式得到进一步发展，企业的多元化募资渠道正逐步完善。

相比传统金融机构而言，核心企业自建金融平台，以产业互联网与供应链金融为核心切入点来推动产融结合的发展，具有较为明显的优势，主要体现在供应链金融的三大核心要素上：风控、效率、资金。

（1）风控：核心企业不仅拥有基于产业互联网的交易场景、交易数据与上下游客户资源，更重要的是，由其行业主导地位（体现在规模优势与议价能力上）所形成的对上下游企业的供应链管理体系与强势控制力是风控的最佳手段，我们把这样的强势控制力称为核心企业的"光环效应"，即上下游企业依附于核心企业而存在，且对核心企业生态圈的依赖度较高，只能遵守核心企业制定的游戏规则。这一风控手段远比传统金融机构的静态平面风控体系高效、安全，这也是核心企业自建金融平台形成金融生态圈的根本价值所在。

（2）效率：产业互联网与金融科技带来的在线供应链金融解决方案的高效率是显而易见的，而且核心企业的自金融平台没有传统金融机构中保守落后的体制机制与风险文化的束缚，也没有传统监管体系里诸多滞后僵化监管条例的限制，这使得核心企业自金融平台的运营效率远比传统金融机构要高。

（3）资金：核心企业自身具有丰富的银行授信资源，因此非常容易以此起步来形成一定的融资规模，进而通过多元化的金融资本市场募资渠道获取资金，尤其是通过 ABN、ABS⊖等资产证券化的形式来打通资本市场的直融渠道，这将取代商业银行间接融资成为主流的募资形态。

　　⊖　ABN，资产支持票据；ABS，资产证券化。

正因此，核心企业才是供应链金融的真正驱动者：

（1）借助核心企业对整个供应链体系的强势管理能力形成信用价值转移体系，将核心企业的信用转移到上下游企业身上，从而解决单纯以上下游企业为主体的信用风控瓶颈问题。

（2）借助核心企业的在线供应链管理系统和产业互联网场景交易与赋能平台，实现对贸易交易的在线全流程管理，并将融资与贸易交易实现在线同步，从而实现"N+1+N"的在线融资体系，解决对逐个上下游企业的传统线下融资所带来的低效率、高成本的瓶颈。

（3）借助日益开放的金融资本市场实现多元化募资，从而在资金要素上突破传统金融体系的束缚。

应该说，核心企业的供应链管理体系＋产业互联网与金融科技＋多元化金融资本市场募资体系，是产业互联网时代供应链金融（产业互联网生态圈金融）的发展方向，如图6-2所示。

核心企业的供应链管理体系+产业互联网与金融科技+多元化资本市场募资体系=
产业互联网生态圈金融的发展方向

图6-2　核心企业的供应链管理体系＋产业互联网与金融科技＋多元化金融资本市场募资体系

6.2.5　为什么核心企业愿意提供信用价值转移体系？利益！

很多金融机构往往都会错误地认为，获得核心企业的信用价值转移体系是做不到的、不现实的，但它们往往忽略了背后的根本动因：利益！

十多年前我给招商银行做培训过程中介绍了戴尔与 INDITEX 的供应商融资解决方案，很多招商银行的同事对于合作银行分享融资收益给核心企业的做法大为惊讶，他们提了很多问题，例如：银行怎么能与核心企业分享融资收益呢？这是不是不合规啊？这算不算贿赂？我们该如何做会计出账？

这些问题是不是让你感到不可思议？

事实的确如此，而且这不是个案，很多传统商业银行都是这样的认知。直到十多年后的今天，很多发展中国家的商业银行依然存在这样的思维。而事实上，商业银行与核心企业共享金融收益在国际金融资本市场上是非常常见的市场行为与商业规则，完全是互惠互利的。

核心企业向生态圈合作伙伴提供基于其信用价值转移体系的金融资源，这不仅是一种利己又利他的行为，更是一种新商业模型形成的过程。

通过向生态圈合作伙伴提供金融赋能，核心企业将获得以下三大全新的收益：

（1）金融收益。

（2）金融收益带动产业收益，从而实现产融结合的新商业模型。

（3）更强的生态圈黏性。

举一个例子。2005 年，花旗银行牵头 6 家金融机构向戴尔电脑全球近百家核心供应商提供 50 亿美元的在线供应商融资（从发货前到发货后），这一方案得以落地实施，是因为戴尔向以花旗银行为首的 6 家金融机构提供了付款承诺函。也正因为此，戴尔从该方案中获得的金融收益比花旗银行等金融机构都要多：供应商付出了年化 3% 的融资利率，其中花旗银行等金融机构获得1.5%（其中还有0.3%的资金成本，实际风险收益是1.2%），而戴尔获得其余的1.5%，并且没有任何资金成本与交易成本，收益比金融机构还要多30个基点。供应商付出的年化3%的融资利率甚至有可能比它在自己所在国家的金融机构那里获得的存款利率都要低！

很多企业家对金融原理的认知甚浅，甚至对以下两个基本金融概念都缺乏认知：

（1）风险溢价不是资金成本。

（2）谁承担风险，谁获得风险溢价。

以上文提到的戴尔供应商融资为例：

如果该供应商需要付出的贷款利率是年化3%，该利率其实是由两部分组成的：金融机构的资金成本0.3%，风险溢价2.7%。需要特别指出的是，这2.7%的风险溢价是需要金融机构与核心企业共享的，因为核心企业提供了信用价值转移体系支持（增信功能）。当然，核心企业提供的信用价值转移体系越强，就意味着核心企业承担的风险越高，核心企业所获得的风险溢价也应该越高。

在戴尔这个案例中，戴尔不仅向合作金融机构提供了客户群与场景交易资源，更承担了本方案中所涉及的所有三大风险：买卖双方的欺诈风险、供应商的履约风险，以及用自己的付款信用来替代供应商的还款信用所带来的风险。因此戴尔分享的风险溢价（1.5%）比花旗银行等金融机构获得的风险溢价（1.2%）还要高。

谁承担风险，谁获得风险溢价；谁承担高风险，谁获得高风险溢价。这其实是一个基本的金融原则。

我需要特别指出的是，花旗银行等金融机构在本方案中看似获得的风险溢价没有戴尔多，但实际上这是一笔非常划算的买卖。因为同样是戴尔的信用风险，花旗银行如果直接给戴尔做贷款，最多只能收1%的风险溢价（这是以中国香港为代表的开放的金融资本市场对于穆迪评级 3A 级企业的普适价格），而在本方案中同样的风险（戴尔承担了供应商的欺诈风险与履约风险，并通过付款承诺函用自己的信用替代了供应商的信用），花旗银行却可以收 1.2% 的风险溢价，还可以把自己给戴尔闲置不用的授信充分利用起来了！

这就是为什么在西方发达资本市场，供应链金融是金融机构服务大型核心企业最重要的解决方案之一。

供应链金融领域的利益分配机制是驱动供应链金融蓬勃发展的核心动力。核心企业给生态圈合作伙伴提供了信用价值转移体系的支持，从而使得供应商、经销商、同行平行企业等生态圈合作伙伴可以从贷不到款转变为贷得到款，而且效率更高、成本更低。于是一个三方共赢的局面也就形成了：

（1）生态圈合作伙伴在核心企业的帮助下，获得了高效率、低成本的融资。

（2）金融机构在核心企业的帮助下，一点接入、全链覆盖、批量获客，融资规模大、风险低、风险溢价高。

（3）核心企业是最大的受益者，既获取了丰厚的金融收益，又通过金融收益带动了产业收益，实现了产融结合的新商业模型与更强的生态圈黏性。

对于核心企业而言，获取丰厚的金融收益固然重要，通过金融赋能带动产业高速发展，获取更多的产业收益，并实现产融结合的新商业模型与更强的生态圈黏性，才是更重要、更核心的价值。

传统企业家很少意识到产业收益＋金融收益相互促进的产融结合双轮驱动模型的重要性：产业的规模化发展带来金融赋能（以产带融）的机会，可以获取金融收益；金融赋能反过来又会促进产业的规模化发展（以融促产），可以获取更大的产业收益，实现产融结合。

试想一下，如果你只有产业收益（单轮驱动模式），而你的竞争对手既有产业收益又有金融收益（双轮驱动模式），而且金融赋能又能促进产业规模的迅速发展，竞争优劣势的对比就凸显出来了。

聪明的企业家甚至会将所有的金融收益都并入到产业收益中（例如通过采购代付融资实现产业集采模式，可以获得更大的供应折扣），通过平台化发展迅速实现产业规模的倍增，从而获取更大的产业收益与产业市值。

最为重要的是，更强的生态圈黏性才是企业长期健康发展的基石。

在西方，金融机构与核心企业共享风险溢价是一个被普遍采用的基本商业规则。但在很多发展中国家，金融机构普遍有着很强的甲方思维，认为金融业务是金融机构的专利。因此在很长一段时间里，金融机构是不愿意与核心企业共享风险溢价的，而这也是很多核心企业都会自建金融平台的原因。

随着互联网的迅猛发展以及金融资本市场的进一步开放，金融机构如果不懂得与核心企业共享风险溢价，将会失去供应链金融赋能的业务机会，这些都在迫使金融机构改变传统的甲方思维，开始考虑与核心企业共享金融收益的合作共赢模式。

6.2.6　去中心化的误区

传统金融机构在供应链金融领域一直是个尴尬的存在。它们对核心企业又爱又恨。

供应链金融"N+1+N"的属性使得传统金融机构的业务开展离不开核心企业的支持。即使这个核心企业并不核心，不愿意提供任何的信用价值转移体系支持，金融机构依然需要通过核心企业这个1来触达庞大的N，而如果这个1在提供N的基础上，还能提供交易场景与交易数据的支持，则无疑会给金融机构的风控与效率带来巨大的帮助。这样的帮助对于核心企业而言也许是轻而易举的，但对于金融机构而言则是至关重要的，而且往往是其力所不及的。

现实情况是，传统金融机构既希望核心企业能够提供客户资源、交易场景与交易数据，又希望核心企业能够提供有力的增信措施，甚至是金融担保。但传统金融机构并没有站在核心企业的利益诉求上考虑正确的合作共赢机制，这就使得核心企业没有任何的动力向金融机构提供上述支持。

其结果是，有能力的核心企业自己搭建供应链金融平台（如供应链管理公司、托盘贸易公司、财务公司、商业保理公司、融资租赁公司、小贷公司、金融科技公司、信托公司、基金公司、资管公司等），借助自身的信用与金融资源，向生态圈合作伙伴提供多形态的供应链金融服务，我们把这种现象称为自金融现象。而且在产业互联网与金融科技的驱动下，核心企业的供应链金融赋能体系与其产业互联网的场景交易平台融为一体，成为产业互联网十大赋能体系中最有力的赋能服务，也成为核心企业实现产业互联网数字化平台化发展的重要抓手。

于是，以核心企业驱动的产业＋金融的产融结合双生态圈体系蓬勃兴起，以产带融、以融促产，实现了产业收益＋金融收益双轮驱动的全新商业模型。

面对这一产融结合的时代浪潮，传统金融机构处境尴尬，甚至面临被逐渐边缘化的窘境。它们既不能把握参与场景的主动权，又没有风控与效率上的优势，逐步沦为资金的输送者。而资金这唯一的优势，也会随着金融资本市场直融的进一步放开而逐渐丧失。

面对核心企业不核心或核心企业自金融的挑战，越来越多的传统金融机构希望能摆脱对核心企业的依赖，实现去中心化，这其实也是个无奈之举。核心企业在产业端的价值是不容忽视的，任何一个抛弃核心企业的供应链金融方案都是愚蠢的。传统金融机构因为缺乏合作共赢的理念与激励机制而得不到核心企业的信用价值转移体系的支持，由此想要去掉核心企业，或是取而代之，可以说是既无奈又天真。

过去几年市场上蓬勃兴起的基于区块链的信单类产品，虽然打着区块链去中心化的旗帜，其本质依然是基于核心企业应付账款确权或付款承诺的供应商反向保理融资方案与电子票据的结合体。所谓的区块链价值，只不过是在传统电子商票的基础上，通过区块链的共识机制与传递机制，增加了电子票据拆分、流转、融资的功能，以及在拆分流转过程中数据不容易被篡改、易追溯的功能。它依然是基于核心企业应付账款确权或付款承诺的中心化体系。在产业互联网供应链金融体系里，区块链科技本身不创造信用价值，它只是信用价值的传递工具，而且它也并不是最佳的传递工具，更不是唯一的传递工具。它的应用场景仅仅适用于核心企业针对上游供应商的融资赋能，这样的应用范围是有限的。对于核心企业生态圈里的其他合作伙伴，如下游经销商、同行平行企业、终端用户、物流仓储商、贸易流通商等，单凭区块链科技，根本无法覆盖针对这些合作伙伴的多元化场景解决方案，更不用说取代核心企业的中心化价值了。

传统金融机构应该以正确的合作共赢理念与激励机制与核心企业形成战略联盟，共同搭建产融结合平台，共同分享产融结合收益，共同推动产业链的整合升级，这才是金融赋能产业的正道。

至于那些缺乏供应链管理能力、没有产融结合团队、没有合作共赢理念、不承担核心企业信用价值转移责任的"核心企业"，它们也许是当前的行业龙头企业，但并非真正意义上的核心企业。在产业互联网时代浪潮的冲击下，它们要么转型变革，成为真正意义上的核心企业，要么被时代抛弃，淹没在时代的滚滚浓尘中。

CHAPTER 7
第 7 章

没有供应链管理，就不会有供应链金融

供应链金融所包含的解决方案，并不只是核心企业给上游供应商的反向保理融资方案或票据贴现融资方案。随着核心企业在产业链上做横向与纵向的延伸，其生态圈合作伙伴的数量与形态也在不断扩大，供应链金融解决方案也在从应付账款融资延伸到应收账款融资，从发货后融资延伸到发货前融资，从货物在仓融资延伸到货物在途融资等各种交易场景。

这就使得核心企业在驱动供应链金融赋能时，除了需要有金融产品的设计能力，更需要具有完善的供应链管理体系。没有供应链管理，就不会有供应链金融。核心企业的供应链管理是把控风险、形成信用价值转移体系的基石。

7.1 核心企业的生态圈强势控制力

我们在上一章中已经明确指出，核心企业的信用价值转移体系并不只是简单的金融担保，西方发达资本市场里的核心企业较常采用的是基于核心企业完善的供应链管理体系所形成的软担保模式，如共享交易数据、核实贸易背景真实性、协助实现资金闭环控制、协助控货变现、增加生态圈违约成本等。该模式不仅不会增加核心企业资产负债表的压力，还可以有效地控制融资风险，因此是更具可操作性与可持续性的信用价值转移体系。在核心企业完善的供应链管理体系与软担保模式的加持下，金融机构也可以较为高效地把控好供应链金融体系中普遍存在的三大风险：欺诈风险、履约风险、信用风险。

核心企业的供应链管理体系越完善，对生态圈交易对手的把控力就越强，基于其生态圈强势控制力的软担保模式也就越有效，供应链金融的风险把控能力也就越强，获取多元化资金、落地供应链金融解决方案的能力也就越强。

可以说，基于核心企业生态圈强势控制力所形成的软担保模式，是供应链金融领域最具特色、最有效、最值得采用的风控手段。

我们在前几章中反复强调了核心企业的光环效应，也就是核心企业的生态圈强势控制力，即核心企业凭借其规模优势、议价能力和强势主导地位而形成的对上下游企业的控制力；上下游企业依附于核心企业而存在，它们对核心企业生态圈的依赖度越高，就会越遵守核心企业制定的游戏规则。

以可口可乐的下游区域经销商管理系统（partner business management system，PBMS）为例：

可口可乐的区域经销商对可口可乐的依赖度非常高，通常可口可乐的产品会占到区域经销商销售额的 80% 以上。这些区域经销商也是可口可乐的重要战略合作伙伴，不仅是因为它们给可口可乐创造了数百亿元的销售额，更重要的是，这数万家区域经销商把可口可乐的产品渗透到了数百万家零售终端，从而形成了对消费者的渗透。可口可乐也确保区域经销商在完成其销售指标的基础上可以获得5%～10%的返利，这确保了区域经销商销售可口可乐产品的基本利润。

每一年销售旺季，区域经销商都需要大量资金来采购囤货，可以说，在销售旺季，谁能拿到货，就意味着谁能赚到钱。然而，由于区域经销商都是中小微企业，通常无法获得银行的信贷支持，如果区域经销商没钱进货，最终会对可口可乐的市场占有率造成影响。可口可乐一贯要求区域经销商款到发货，并非它无法承受区域经销商的信用风险，而是不愿意牺牲其财务报表来换取销售额的增长。在这样的背景下，可口可乐非常愿意引入战略合作金融机构来向区域经销商提供融资赋能，用于采购可口可乐的产品。可口可乐愿意为此向合作金融机构开放其经销商管理系统，提供系统中区域经销商的交易数据与管理数据，并协助金融机构实现资金定向收付款的闭环控制。同时，一旦经销商出现逾期，可口可乐还愿意向战略合作金融机构提供以下支持：

（1）提醒经销商及时还款。

（2）停止发货。

（3）扣发返利。

（4）经销商评级降级或者取消经销商资格。

以上四大支持连同数据共享与资金闭环控制，就是典型的基于核心企业可口可乐生态圈强势控制力所形成的软担保模式。之所以该软担保模式能够吸引金融机构提供融资赋能，是因为可口可乐完善的经销商管理体系，以及由此对经销商所形成的强势控制力（即光环效应）。

在绝大多数的情况下，金融机构要求核心企业（尤其是上市公司或跨国企业）对其上下游数以千计的交易对手提供金融担保是不现实的，因为这将意味着核心企业财务报表的巨大负担，并会影响其信用评级；同时，资本市场监管机构对上市公司对外担保的监管要求也不允许上市公司这样做。如果核心企业对其上下游供应链管理能力足够强大，例如可口可乐通过经销商管理系统对下游经销商实现精细化管理，将意味着核心企业的生态圈强势控制力对经销商的信用履约行为同样具有强大的约束力。

一家对可口可乐生态圈依赖度高达 80% 以上且有稳定收益保障的经销商，是不会为了某一笔订单融资的违约而失去其在可口可乐生态圈里生存的基础的，除非出现了某些突发的不可控因素（如天灾人祸），而这样的可能性非常低。

以核心企业的生态圈强势控制力作为供应链金融的主要手段来控制风险，甚至实现信用转移（credit transfer）的案例，在国际金融资本市场上已经有十多年的历史，并且普遍被大型国际商业银行（如渣打银行、花旗银行等）所采用。

2006 年，在国际金融资本市场上出现的宝洁经销商融资案例、雀巢经销商融资案例、INDITEX/ZARA 供应商融资案例都是其中的典型代表。当时渣打银行为雀巢印度经销商所提供的融资解决方案，与上文提及的可口可乐给中国经销商所提供的融资解决方案，可以说如出一辙。INDITEX 的供应商融资解决方案采用了同样的生态圈强势控制力的风控理念，只不过把它用在了上游供应商发货前的融资方案上。INDITEX 的供应商融资（从发货前到发货后）解决方案分析，如图 7-1 所示。

INDITEX 是全球最大的时尚服装集团之一，旗下拥有 ZARA、MD、Bershka 等九大知名服装品牌；其快时尚的定位以及高效率的供应链管理体系让其称霸全球、享誉世界。2008 年，INDITEX 在亚洲拥有上千家供应商、近 20 亿美元的采购规模。这些供应商中有很多都是 INDITEX 的代工商，分布在亚洲十多个国家和地区，基本都是劳动密集型的中小企业,在当地所能获得的银行信贷非常有限,而且成本高昂。INDITEX 对订单采购发货的时效性要求非常高,通常一个代工商在收到 INDITEX 服装加工订单并确认后的 7 天时间内就要完成生产,第 8 天 INDITEX 指定的物流公司就会在代工商门口等候收货。在 14 天内这些货品就会在全球 1000 多家零售店铺上架,而且只销售 30 天;30 天后所有的存货全部清仓下架,下一批新货品又上架了。这便是 INDITEX 著名的 7×14×30 的高效供应链管理体系。

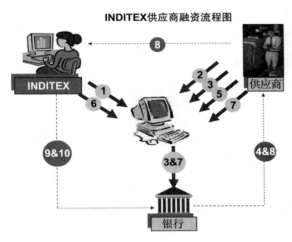

方案概况:
- 20 亿美元的亚洲采购
- 上千家供应商
- 利用全球信贷资源与资金优势,让 6 家合作银行提供近 10 亿美元的供应商融资

流程:
① INDITEX 下订单
② 供应商确认订单
③ 供应商提请订单融资给 INDITEX 的指定银行
④ 银行基于 INDITEX 的订单付款承诺融资放款给供应商,并扣除利息
⑤ 供应商发货并提交发票与提单
⑥ INDITEX 确认发票
⑦ 供应商提请发票融资
⑧ 银行融资放款给供应商,并扣除利息
⑨ INDITEX 在发票到期日付款给银行,完成交易
⑩ 银行基于与 INDITEX 的供应商融资合作协议向 INDITEX 提供融资返利

图 7-1 INDITEX 的供应商融资(从发货前到发货后)解决方案

在这个体系内,遍布亚洲的这些中小企业代工商的资金瓶颈问题,成为阻碍这一高效供应链管理体系落地发展的巨大障碍,亟待解决。为了解决这些中小企业代工商的融资问题,INDITEX 利用自身的全球信贷资源与资金优势,以及完善的供应链管理体系,由其中国香港采购中心

牵头，让6家合作跨国银行向其数百家核心供应商提供近10亿美元的从发货前到发货后的融资解决方案。具体流程如下：

（1）INDITEX下订单。

（2）供应商确认订单。

（3）供应商提请订单融资（发货前）给INDITEX的指定银行。

（4）银行基于INDITEX的订单付款承诺（通常是订单金额一定比例的折扣，如订单金额的50%）融资放款给供应商。

（5）供应商发货并提交提货单。

（6）INDITEX确认收货。

（7）供应商提请发货后融资。

（8）银行融资放款给供应商。

（9）INDITEX在付款到期日付款给银行，完成交易。

（10）银行基于与INDITEX的供应商融资合作协议向INDITEX提供融资返利。

这一融资方案涵盖了供应商从发货前到发货后的订单全流程融资需求。由于借助了INDITEX的付款承诺支持，其合作的6家国际商业银行可以不用办理任何复杂的融资贷款手续，如签协议、开账户、办抵押等，直接从中国香港、新加坡、伦敦、纽约等国际金融资本市场代INDITEX以T+0的速度向这些供应商提早支付货款，以满足其生产加工所需要的资金。

这一融资方案的亮点并不只在于在线融资的高效率，更重要的是，INDITEX作为核心企业对供应商的强势控制力，使得供应商获取发货前融资的履约风险被很好地控制住了。换言之，供应商需要在发货前就能先收到部分货款（通常是订单金额的50%，这样既确保采购所需的必要资金，又可以控制风险），而这6家合作银行之所以可以不采取任何额外的风控手段就直接代付货款给供应商，完全是因为INDITEX对其订单未来的付款责任做出了不可撤销的、无条件的、独立的付款承诺。我们需要注意的是，这里 INDITEX 只是对其未来的付款责任做出付款承诺而不是金融担保，这在 INDITEX 的财务报表中显示的依然是应付账款，而不是向银行所做的贷款或金融担保，这就意味着 INDITEX 承担了供应商的履约风险。

在这个场景里，合作银行需要能够将 INDITEX 的付款承诺作为其最主要的风控手段，并且实现信用转移。只有这样，合作银行才能避免烦琐的传统信贷抵押手续，实现在线高效率放款，并且融资利率极低（融资利率低，既是因为资金来自中国香港、新加坡等开放的国际金融资本市场，更是因为实现了将 INDITEX 的信用转移到了供应商身上）。

INDITEX 之所以能够承受供应商的履约能力，是因为其作为核心企业的强势控制力：没有任何一个供应商在获得一笔发货前订单融资后敢不及时履约，而且一旦交付的产品有品质问题，供应商也会在第一时间换货或退款。这是因为一旦它们不及时履约，就可能导致 INDITEX 停止融资支持与订单支持，供应商评级降级，进而还有可能被取消供应商的资格。对于一个依赖度颇高的供应商而言，谁都不会为了某一笔订单融资的不履约而失去自己在 INDITEX 生态圈的生存基础。这就是核心企业强势控制力的典型体现，也是 INDITEX 给银行做出付款承诺的基础，而传统商业银行是不具备 INDITEX 这样的供应链管理能力与风控力的。

如同前文所述，这里的关键在于：

（1）合作银行是否能把 INDITEX 的付款承诺作为风控的主要手段并实现信用转移。

（2）合作银行是否能满足 INDITEX 对于融资返利的要求（如融资利息的五五分成）。

此外，尤为重要的是，核心企业驱动供应链金融通常有两大核心利益诉求：其一是为了获取金融收益，以作为产业收益的重要补充；其二是为了搭建更有黏性的合作共赢的供应链与产业链生态圈，以促进其业务发展。

根据 INDITEX 的要求提供金融收益共享，是合作银行获取 INDITEX 提供软担保支持的核心因素。毕竟，客户资源是 INDITEX 的，交易数据是 INDITEX 给的，供应商的履约风险是 INDITEX 承担的，而且 INDITEX 也允许合作银行将其自身的信用资源用到供应商身上。换言之，没有利益共享机制与核心企业的支持，这 6 家合作银行是无法开展这项业务的。

这也从另一个层面体现了商业银行必须改变以自我为中心的经营理念，要与核心企业形成战略联盟，从赚客户的钱转变为帮客户赚钱，这样才能实现战略合作的协同效应。

通过上述可口可乐经销商融资解决方案以及 INDITEX 供应商融资解决方案，我们可以发现，借助核心企业供应链管理体系与生态圈强势控制力所形成的软担保模式，是帮助金融机构控制风险的真正有效而且可行的方式方法，也是供应链金融中最具特色的风控手段。

正所谓：没有供应链管理，就不会有供应链金融。

7.2 核心企业的魔咒还是传统金融机构的魔咒

借助核心企业供应链管理体系与生态圈强势控制力所形成的软担保模式，在理念上还是相对容易被金融机构理解和接受的，但该模式在实操上如何被量化并形成一套全新的标准化的风控体系，还需要金融机构搭建科学完善的打分卡风控模型。例如：

（1）核心企业的管理能力要达到怎样的标准才能实现强势控制力，进而达到优秀级的供应链管理等级？

（2）对核心企业的依赖度有多高，其强势控制力才有效？

（3）在核心企业有效的强势控制力保障下，交易对手（融资主体）还需要达到怎样的准入门槛？

……

另外，以打分卡为基础所形成的风控体系对于金融机构是否能实现信用转移（将核心企业的信用评级赋予上下游中小微企业）也至关重要，这既是对内实现更低风险资本的占用，又是对外实现更高风险收益的保障（信用转移所产生的高溢价收益，俗称信用套利）。要实现这一目标，商业银行首先就要采用《新巴塞尔资本协议》下的高级风险计量法，然后在此基础上搭建科学完善的打分卡风控模型。

与此同时，借助核心企业生态圈强势控制力的关键还在于，金融机构是否能调动核心企业的积极性来给予配合与支持，即传统金融机构是否能与核心企业就利益分配与战略协同达成共识。

传统金融机构在该领域常常会遇到我们常说的"核心企业的魔咒"：

（1）行业龙头企业虽然规模大，深受金融机构青睐，但由于其不具有核心企业的意识和完善的供应链管理体系，也不愿意承担核心企业信用价值转移的责任，这使得核心企业生态圈的强势控制力无法得以体现。

（2）小型核心企业虽然有核心企业意识和一定的生态圈控制力，但受限于规模，无法获得传统金融机构的青睐和足够的支持。

（3）部分上市公司虽然兼具核心企业的规模、意识与生态圈强势控制力，金融机构也迫切希望与其合作，但传统金融机构受制于自身在风控和效率上的局限，以及它们留给核心企业的传统信贷印象，导致其无法满足这类核心企业的要求，因此此类核心企业大多都会搭建自金融体系。

这一"高不成低不就"问题的根本，其实是传统金融机构把核心企业作为唯一信用主体以及规模唯上论的传统信贷思维所造成的。

成为核心企业的关键不在于企业规模的绝对大小，而在于其是否具有一定的行业领先度与供应链管理体系，当然，如果在此基础上能同时兼具较大的规模则更好。但这一类核心企业的自金融能力是非常强的，对金融机构在供应链金融领域的要求也是非常高的。

这既是核心企业的魔咒，也是传统金融机构的魔咒，要打破这一魔咒，不仅取决于核心企业是否核心，更取决于传统金融机构是否有能力实现自我变革。

CHAPTER 8
第 8 章

数据是第一生产力

"数据是第一生产力",这不仅是互联网科技公司的至理名言,对于核心企业搭建产融结合双生态圈体系而言,同样至关重要。

8.1 产业互联网交易数据的量化分析能力

全程参与贸易、把控供应链与产业链的交易背景和交易流程、获取交易数据,做到这些只是迈出了供应链金融风控的第一步,当然这也是最为基础和最为关键的一步。核心企业与金融机构能否在此基础上对交易数据做出科学完善的量化分析,并结合自身对产业专业性的认知,做出及时的风险判断,是能否实现专业化与差异化竞争的关键。

我们仍以上文中提到的可口可乐经销商融资为例:

由于可口可乐允许金融机构将其供应链金融模块内嵌到可口可乐的经销商管理系统中,并共享商流数据,因此金融机构可以获取该系统中所有相关的交易数据与管理数据。但是否能通过对这些数据进行科学完善的量化分析,从而形成有效的风控力,则是一项极具专业性的挑战。

交易数据的量化分析包括两大核心要素:

(1)数据的量化分析能力。

(2)产业专业性的认知。

我们其实应该把数据分为无特定应用场景的数据(我们称之为"模糊数据")和有特定应用场景的数据(我们称之为"有效数据")。产业互联网交易场景里的交易数据就是有效数据。可口可乐经销商管理系统中经销商的交易数据与管理数据当然也是有效数据。

毫无疑问,有效数据更有针对性、更有效,而且是动态实时的。它对于搭建全新的、动态立体的、具有产业特征的供应链金融风控体系而言尤为宝贵。然而,核心企业与金融机构需要在获取数据的基础上形成科学完善的量化分析能力,而且要结合产业专业性做出科学的分析与判断。这样,有效数据才能最终转换成金融数据,如图8-1所示。

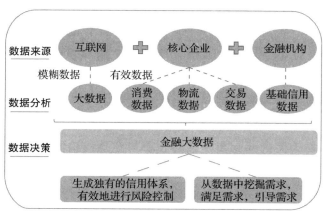

图8-1 把有效数据转换成金融数据

以可口可乐经销商融资为例：

（1）可口可乐经销商管理系统中所提供的经销商的进、销、存数据，是否在基线（baseline）的合理范围内浮动？

（2）其关键指标，如商品周转率、盈利能力、业务达成率、排名、季节因素等，是否合理？

（3）如果出现异动，核心企业与金融机构是否有能力做出专业的判断，并采取及时的预警处理？

……

这无疑是传统金融机构所要面对的全新挑战，静态平面的传统信贷模式是无法满足供应链金融风控要求的。

应该说在这一领域，以阿里巴巴、京东、腾讯为代表的互联网金融科技公司具有很强的科技应用能力。

以即时通信巨头腾讯公司的微信为例，通过对数量庞大的微信用户做大数据分析，腾讯已经搭建了一套较为完善的多维度信用评分体系，包含 4 大指数（安全指数、消费指数、财富指数、社交指数）、11 个组成因子，可以对微信用户可能存在的信用违约概率进行较为完善的分析，从而成为腾讯的合作金融机构给这些微信用户做金融赋能的重要基础。

如果某个微信用户同时也是某家连锁餐饮集团的会员客户，若该餐饮集团的会员数据库以及与交易相关的有效数据能够与腾讯共享，则腾讯的合作金融平台完全可以结合该交易场景里的有效数据，对该微信用户做出更为精准的脸谱画像与信用评分。

采用腾讯赋能体系的连锁餐饮集团"潮堂"便是这样一个典型的代表：

由于潮堂采用了微信公众号和微信支付所提供的社交与金融解决方案，使得腾讯同样可以获得潮堂的用户数据，从而更加丰富了腾讯对这些现有微信用户的全息脸谱画像；通过这些有效数据分析所形成的风险控制力，能够便于腾讯进一步向这些用户提供更为精准和丰富的消费金融产品。而且,它还可以帮助潮堂形成更强的用户黏性,以及通过金融增值服务实现多元化盈利。

具体做法是:

潮堂服务员鼓励消费者通过微信扫码点餐并支付,并为此给予积分、折扣等会员优惠措施,即支付即会员。这并不仅是为了减少现金收付的麻烦,更是借助微信支付的力量,将潮堂的微信公众号推入到用消费者的微信中。消费者关注该公众号之后,即刻获得一张电子会员卡(见图8-2)以及一张折扣优惠券。

图8-2 潮堂的电子会员卡

消费者如需使用折扣优惠券来为本次用餐打折,需要填写相应的个人资料(包括年龄、性别、联系方式、所在城市、口味喜好等),由此完成客户信息数字化的工作。对于餐厅的老客户,餐厅服务人员可以进一步向其推荐微信公众号中的预付储值功能,老客户充值一定金额即可获得更多的优惠条件（如充值1000元送200元折扣券或现金抵用券，相当于八折优惠），由此形成相当规模的预付储值资金沉淀，这对于形成餐厅与用户之间更强的黏着度具有极大的意义，这也有助于形成潮堂未来联手腾讯，共同开展针对这些用户的消费者金融营销并有效控制风险的基础。

由此，成为会员的用户每次在潮堂用餐的消费数据都会被记录在潮堂的客户关系管理（CRM）系统中（同样由腾讯提供赋能），形成特定应用场景下的有效数据。这些数据对于形成消费者全息精准的脸谱画像，实现精准营销和全域营销，具有十分重要的意义。

例如，作为潮堂的老客户，A先生每次请朋友用餐必定会点经典招牌菜冻花蟹，每次宴请的消费金额都在2000～5000元，并且经常会自带高品质的葡萄酒。

这些数据如果都被完整地录入潮堂的CRM系统，潮堂就不难从这些数据中画出这位客户的精准脸谱像：

（1）中年企业家（电子会员卡要求填写出生年月与职业）。

（2）有较强的消费能力（每次的消费金额、每年的消费总金额以及预付储值金额都较大）。

（3）有一定的消费品位（冻花蟹、自带葡萄酒、清淡饮食）。

（4）住在附近的高档小区（电子商城采购送货上门所获取的数据）。

（5）家庭人口构成（周末常带家人一起用餐，而A先生的太太喜欢餐后点一个甜品）。

（6）有自备车（每次用完餐都要停车券）。

……

基于这一精准脸谱画像，潮堂就可以策划出适合A先生的营销方案，例如每年生日的时候为他及时推送礼券、折扣券、优惠券；年底的时候潮堂精心准备了一个精装年货大礼包电子优惠券，里面包含了他喜欢的冻花蟹、潮州牛肉丸等特色菜品，还赠送了一瓶高品质的葡萄酒，同时附上一张年夜饭电子预约优惠券（当然，这需要预付充值）；每次用餐的时候都会为 A 先生的太太免费送上一款特色甜品，这份甜品在潮堂微信公众号里的网上商城也可以买到，以便在线选购，送货上门，等等。

由于借助了微信的强社交属性以及微信支付所带来的整套账户体系与系列消费金融产品，潮堂大大加强了自己与消费者之间的互动营销与关系黏性，以及由此带来的用户的充值沉淀资金和更高的消费金额，从而形成良性互动。

由于潮堂采用了腾讯提供的微信公众号、微信支付服务与 CRM 赋能服务，使得腾讯同样获得了这些微信用户的有效数据，从而更加丰富了腾讯对这些现有微信用户的全息脸谱画像，以及更加强化了通过交易数据分析所形成的风险控制力，便于腾讯向这些用户提供更为精准且丰富的消费金融产品。例如上述案例中的 A 先生很有可能属于商业银行"私人银行"范畴的目标客户（腾讯同样可以通过其微信支付所捆绑的银行卡来验证），接下来腾讯对 A 先生的消费金融产品定向推荐与传送就会显得更为有的放矢。

这与传统金融机构的现状形成鲜明对比。由于传统金融机构不参与（无能力参与或无意愿参与）企业的产业互联网与供应链日常交易，因此无法获得企业与其上下游之间的交易行为、交易规律、交易偏好等方面的有效数据，因此无法获得腾讯"绘制"的用户全息脸谱画像，更不用说据此设计出一份精准（具有靶向营销或者靶向风控作用）的风险评估打分卡了。

数据是可以转换成风控力的，特别是来自基础供应链一线的"活数据"，更有价值。在互联网时代，数据更可以说是第一生产力。

腾讯不仅可以通过微信帮助潮堂实现消费引流、移动支付与在线消费金融等增值服务，还可以在此基础上进一步延伸到潮堂在采购领域的供应链金融中。在这一领域，由于腾讯充分掌握了潮堂在零售终端的销售数据与资金流情况，对潮堂的财务健康状况具有更为精准的分析力和实时动态的把控力，从而使得腾讯所提供的供应链金融能够更好地把控潮堂作为信用主体的风险。在此基础上，腾讯金融不仅可以向潮堂提供采购代付融资服务，以满足潮堂通过延长付款周期实现更多现金流的需求，还可以向潮堂的供应商提供从发货前订单融资到发货后应收账款保理融资的全流程供应商融资服务解决方案，而这一切完全可以通过内嵌到潮堂供应链管理系统内，实现智能化交互与实时在线的融资处理。

是否能够获取产业互联网与供应链管理场景下的有效数据，是否具有数据量化分析能力，是否具有产业专业性，是传统金融机构从传统信贷模式向产业互联网供应链金融风控模式转变的关键。这三点均要求传统金融机构放弃自己的甲方思维主视角，主动与核心企业进行战略合作，进而下沉到供应链里，通过场景内嵌获取有效数据，并进而将其转换成金融数据与金融风控力。

大数据分析已经成为核心企业与金融机构控制风险、形成在线金融解决方案的重要辅助工具。对于供应链金融而言，核心企业产业互联网生态圈里拥有丰富的交易对手与主题交易数据，是形成专业大数据风控体系的丰富资源与重要基础；而强大的大数据风控体系是金融机构在风控领域专业性的最佳体现，也是实现对外赋能，与核心企业共建金融生态圈的核心服务与核心价值，更是传统金融机构转型成金融科技银行的最佳体现。

8.2　功能强大的 DaaS 大数据管理平台

DaaS（data as a service，数据即服务）大数据管理平台需要从原始数据的获取入手，到应用数据集市的主题分类处理，再到数据模型的多维度分析，形成各种数据策略，最后通过数据决策引擎输出多元化增值服务，形成功能强大的大数据管理体系。

对于产业互联网供应链金融这一特殊领域而言，该 DaaS 大数据管理体系在常用的数据管理架构、模型与策略上，加强了以下三个领域的数据处理与分析功能（见图 8-3）：

（1）针对产业互联网生态圈主题数据的获取与处理分析。

（2）基于生态圈用户与核心企业的特殊供应链管理关系树信息，形成用户标签与脸谱画像。

（3）通过产业主题数据库形成产业知识图谱与具有产业特征的信用评分打分卡体系。

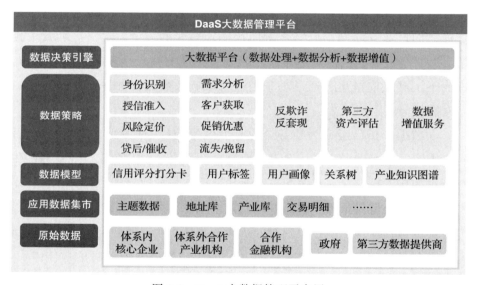

图 8-3　DaaS 大数据管理平台层

1. 原始数据层

不同于传统金融机构现有的底层数据仓库，原始数据层不仅需要从传统金融机构现有的底层数据仓库中获取相关数据，更需要从与核心企业产业互联网相关的外部数据仓库中获取相关数据，由此形成针对产业互联网供应链金融的原始数据仓库。因此它具有数据来源多元化、专业性与及时性三个主要特征。

数据的多元化来源是指除了通过传统的渠道（例如，像央行征信这样的政府机构,像天眼查、企查查、芝麻信用这样的第三方数据提供商)获得数据外,还通过数据共享,从核心企业驱动的产业互联网生态圈(如可口可乐的经销商管理系统)里获取交易对手信息与交易数据,以及通过核心企业系统外的合作产业机构获取与核心企业所处行业相关的大数据,这些都是体现产业互联网供应链金融所特有的专业主题数据。这也是我在上文提及的,金融机构必须与核心企业实现数据共享、利益共享的关键所在。对于产业互联网供应链金融而言,脱离特定行业与产业互联网交易场景的模糊大数据是不完善、不专业的。

同时,原始数据层所包含的信息也并不只是企业与行业的静态信息,同时也包含了大量产业互联网场景交易数据,这些交易数据与交易场景的转化,都会导致相应的风控手段发生改变,因此获取这些动态交易数据的及时性,以及对整个交易全流程的跟踪与监控都是非常重要的。

2. 应用数据集市层

应用数据集市层是为产业互联网供应链金融设计的主题数据应用分类与处理层(见图8-4)。

它从上述的原始数据层中提取主题数据,然后根据产业互联网供应链金融的业务特征创建不同的主题数据集合,按照不同的产业互联网和供应链金融业务规则进行组织,将与产业互联网供应链金融相关的交易对手组织成一个个主题域,并且对各类指标进行维度分析。例如:

- 经销商与核心企业的订单交易明细主题数据集合。
- 乳品行业中乳品加工企业的经营管理相关产业库主题数据集合。

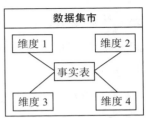

图 8-4 应用数据集市层

- 铁矿石大宗商品行业国际市场交易周期性波动主题数据集合。

......

3. 数据模型层

经过上述应用数据集市层的数据采集与处理，数据模型层将形成诸如信用评分卡、用户标签与用户脸谱画像、产业知识图谱这样的专业模型分析与输出能力。

对于产业互联网供应链金融而言，具有产业特征与供应链金融业务特征的风险评分卡体系是数据模型层的核心功能，因此对该模块的设计与搭建的专业性要求非常高，需要有大量的产业数据累积与一定的产业专业性分析的能力。

目前市场上绝大多数的信用评分打分卡体系均偏向于对个体的信用评分（例如新网银行的好人贷、蚂蚁金服的芝麻信用）。在产业互联网供应链金融这一专业主题领域，信用评分打分卡体系非常匮乏，其主要挑战在于：

（1）数据获取依赖于核心企业。

（2）多维度关联（静态数据、动态数据、核心企业强势控制力等的量化分析）。

（3）产业专业性（细分行业关键指标的参考值与周期性等）。

产业互联网供应链金融的信用评分打分卡体系应由以下五个维度的评分体系组成，而且这些维度中的量化打分值需要根据不同的产业、不同的核心企业、不同的地区、不同的时间周期做相应的调整，是颇为专业与复杂的。

（1）静态数据量化分析。

- 企业基础信息：法人和实控人信息、注册资本金、员工数、产能、行业排名等。
- 企业关系树信息：供应链关系网状图、企业关系网状图、企业主社会关联关系。
- 企业的经营数据与财务数据：销售额、利润、返利、库存、周转率、负债等。
- 连带担保方或核心企业的增信（金融担保或软担保）。
- 管理层专业背景：行业经验、团队稳定性、信用记录等。
- 企业法人个人信用的记录与分析：履约能力、消费能力、资金需求、人格稳定性、恶意透支、社交活跃度、网购倾向、游戏沉迷等。
- 企业历史信用记录与信贷记录：履约能力、销售能力、资金需求、企业稳定性、逾期坏账情况、货款拖欠情况。

（2）动态数据量化分析。
- 线上线下交易明细。
- 交易履约信息。
- 客户评价信息。
- 订单流程信息。
- 物流信息。

（3）现金流信息。

数据异动：销售额异动、库存异动、资金流异动等。

（4）核心企业强势控制力量化分析。
- 对核心企业的依赖度：与核心企业的合作年限、核心企业的产品占其销售额的比重、销售达标率、其占核心企业销售额的比重、同业竞争的限制等。
- 资金流、物流、订单流的控制：信息是否经过核心企业验证、资金是否形成闭环、控货与变现能力、风险集中度、融资排他性等。

（5）行业参考值量化分析。
- 产业知识图谱。
- 产业关键指标参考值。

- 宏观产业生态健康发展指数。
- 产业自然灾害、舆情风险预警。

4. 数据策略层

经过数据模型层的分析处理，数据策略层可以提供多个领域、多种形态的策略决策与增值服务，包括客户身份识别、客户需求分析、客户获取、信用评分与授信准入、风险定价、促销优惠、贷后催收、流失挽留、反欺诈、反套现、第三方资产评估等。

5. 数据决策引擎层

在数据模型层与数据策略层分析处理的基础上，数据决策引擎层可以通过对客户应用端的参数设置，对风险控制、融资申请等做出实时与智能的决策，并对外输出结果。

8.3 全新的供应链金融风控模式

8.3.1 风控前置 + 预授信的供应链金融风控模式

越来越多的与核心企业合作的金融机构，希望能够采用风控前置 + 预授信的供应链金融风控模式，这样可以大幅提高融资效率，并降低融资前期大量准备工作的成本。这就使得基于大数据的供应链金融在线风控体系变得极为关键。

通过对主题数据的采集、处理与分析，形成信用评分与授信准入这样的数据策略，并通过数据决策引擎输出，是风控前置 + 预授信模式开展的基础。这一风控模式对于核心企业开展供应链金融业务而言，无论是在内部管理端，还是在外部用户营销端，都具有极其重要的价值。

图 8-5 为传统信贷模式与风控前置 + 预授信模式的对比。

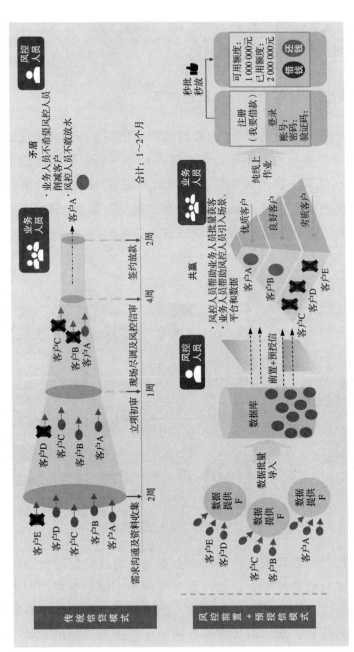

图 8-5 传统信贷模式与风控前置+预授信模式的对比

通过图 8-6 中的对比我们不难发现，DaaS 大数据管理平台对于供应链金融与产融结合体系的重要性。

8.3.2　创新的供应链金融信用管理体系

拥有上述五个层级的 DaaS 大数据管理平台需要与核心企业的信用价值转移体系很好地结合在一起，形成核心企业 + 金融机构优势互补的信用管理体系，从而突破很多传统风控模式的局限，以创新的风控模式搭建一个开放的产业互联网 + 供应链金融的产融结合双生态圈体系。

图 8-6 为传统融资模式与创新融资模式的对比。

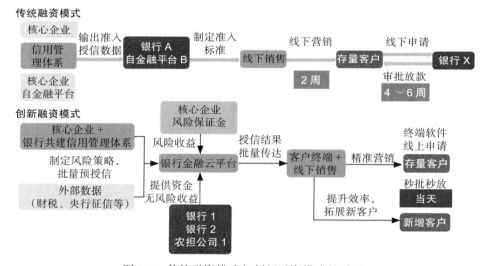

图 8-6　传统融资模式与创新融资模式的对比

在上述创新融资模式中，与核心企业共建的客户信用管理体系是关键。它需要充分借助核心企业对产业互联网生态圈的强势控制力，并利用专业的大数据量化分析打分卡体系，同时也要结合相关产业的主题大数据处理分析结果，从而形成更为全面的生态圈用户信用管理体系，并以此为基础，搭建完整的产业互联网场景交易＋用户信用管理体系＋应用场景金融在线赋能服务，从而实现产业交易＋金融服务＋极致客户体验来带动核心企业的业务增长。

数据是第一生产力。

基于大数据量化分析与产业专业性的信用评分体系，是产业互联网供应链金融重要的基础设施，它不仅对于金融机构极其重要，对于核心企业也同样重要，这是核心企业搭建产融结合体系的核心优势与竞争力。当然，若金融机构能以其金融专业性为基础，与核心企业联手共建信用管理体系，共享金融收益，以产融结合的模式共同推动产业整合升级，则无疑会出现双赢的局面。

CHAPTER 9
第 9 章

从封闭到开放的金融生态圈

"供应链金融3.0"是产业互联网生态圈金融,它既包括产业生态圈,也包括金融生态圈,只有将金融生态圈和产业生态圈紧密融合,才能实现产融结合。

9.1 封闭还是开放,这从来都不应该是个问题

产业生态圈是开放的,所涵盖的对象包括数量庞大的上下游企业,并且这些企业会随着核心企业在供应链与产业链上的延伸,由一级上下游企业向二级、三级上下游企业层层延伸,进而成为整个产业链里的合作伙伴。因此产业生态圈是处在不断开放发展过程中的。

随着产业互联网的发展,涌现出很多产业互联网平台公司,它们是

新形态的核心企业。当然,其中也有很多是行业里的龙头企业(尤其是那些具有产业互联网与产融结合思维的行业龙头企业)所搭建的产业互联网赋能管理平台。它们借助产业互联网赋能管理平台拥有更好的资源整合能力,并将其赋能体系从赋能上下游企业进而向整个产业链合作伙伴输出,从而推动整个产业的整合升级。

在这一赋能产业整合升级的过程中,产业生态圈的资金需求是巨大的,通常不是核心企业或单个金融机构以一己之力就能满足的。

核心企业不是资金需求方,而是金融资源的整合者与产业生态圈的主导者。不少发展中国家的金融体系尚处于初级阶段,核心企业非常明白,依赖传统商业银行体系的单一融资渠道是不可持续的,而以自身信用向银行批发贷款、再零售给上下游中小企业的模式,也只是业务开展初期的权宜之计,过度依赖银行信贷会造成自身负债率的急剧上升和财务报表的迅速恶化,无疑是饮鸩止渴。因此,开辟多元化的募资渠道与资金来源至关重要。换言之,核心企业在产业链的整合升级过程中,不仅要懂得赋能开放的产业生态圈,更要懂得搭建开放的金融生态圈,只有这样,才能给产业生态圈提供源源不断的活水。这是维系整个产业生态圈发展的核心要素,对于核心企业而言非常关键。

不仅核心企业需要搭建开放的产业生态圈,金融机构也需要搭建开放的金融生态圈,要以生态开放、资源整合的形式整合多元化的金融机构共同参与金融生态圈的搭建,从而达到共同赋能产业、实现产融结合的目的,我称之为大资管金融生态圈模式。

应该说,这一理念对于很多习惯于传统信贷模式的传统商业银行而言是陌生的,它们在认知和理解上也存在较大的局限性。

银行家不妨问自己以下几个简单的问题:

(1)你是否有能力独自承担所有的风险?如果不能,你愿意只挑选自己所能承受的那部分风险来做业务,还是以开放平台的形式整合其他金融机构一起来参与？

（2）你的资金成本是否最具有竞争力？如果你的同行能提供更低成本的资金，你是否会以开放平台的形式整合其他金融机构一起来参与？

（3）你的授信额度规模与风险资产规模（受制于资本充足率与风险集中度等的监管限制）是否足够？如果不够，你愿意只做一小部分自己能够承受的风险资产，还是以开放平台的形式整合其他金融机构一起来参与？

（4）你的金融牌照或分支网络是否有区域限制（核心企业的产业生态圈不只是在某一地区，而有可能遍布全球）？如果有区域限制，你是否会以开放平台的形式整合其他金融机构来一起参与？

（5）你的科技力量是否足够满足客户在线管理、在线金融的要求？如果不足够，你愿意只做一小部分自己能够满足的业务，还是愿意整合其他金融机构或科技公司一起来参与？

答案是显而易见的，唯有搭建开放整合的金融生态圈，共享资源与收益、共同做大蛋糕，才是实现差异化竞争的关键所在。

如果金融机构仍然采用完全依赖自身能力与资源的封闭思维，以及融资一定要以自己为主导的甲方思维，则无法突破上述这些局限性。

这就使得金融机构急需摒弃独立放贷并持有到期的传统信贷理念，而应该更多地采用大资管金融生态圈的理念：金融机构要成为核心企业背后整个金融生态圈基础设施的搭建者与规划者，提供整个资金流的管理、账户的托管与资金的闭环控制，以及建立一个从做资产到管资产再到卖资产的全方位资管募资体系，由此成为整个产业生态圈的金融资源整合者与运营者，与核心企业形成战略联盟，共同搭建开放的金融生态圈，整合多个外部金融资源，共同推动产业链的发展。

因此，无论是核心企业还是金融机构，都需要具有生态圈思维，搭建开放的金融生态圈和多元化的募资体系。

封闭还是开放，在互联网时代从来就不应该是个问题，因为开放是唯一的生路，封闭就意味着死亡！

9.2 核心企业主导的大资管金融生态圈

核心企业搭建多元化募资体系，经历了从自有资金与银行信贷资金，到大资管金融生态圈资金的整合，再到金融资本市场直融三个发展阶段。这三个阶段的发展并非后者淘汰前者，而是相互交织融合的，同时也是不断演化发展的过程。

在这一发展过程中，核心企业与金融机构都需要不断提升自身的能力，积极拥抱金融科技，不断采用新科技、新方案，推动更灵活、更高效地开放金融生态圈的发展。

9.2.1 第一阶段：一手批发、一手零售的银行信贷阶段

我们在前文中提到，很多发展中国家的金融资本市场中长期存在中小企业融资难问题与金融资源错配问题相互交织的现象：大型核心企业汇聚了大量银行信贷资源，而且资金成本非常低，但它们自身并不需要融资；需要资金的上下游中小微企业却普遍无法获得融资，或是即使能获得融资，资金成本也很高。因此，核心企业如果凭借自身的信用向银行做批量贷款，然后借助自金融平台贷给上下游中小微企业，就可以获得金融收益，而且还能带动自身主营业务的增长，可谓一石二鸟。

这种一手向银行批发贷款、一手零售给上下游中小微企业的模式，在核心企业发展供应链金融的初期非常管用，而且由于操作简单灵活，非常容易上手。然而，其副作用是导致自身负债率的急剧上升和财务报表的迅速恶化。因此，如果核心企业不迅速开辟更为多元化、可持续的

募资渠道，逐步摆脱对银行传统信贷的过度依赖，将会导致自身不可承受的债务危机，进而造成对整个产业生态圈雪崩式的冲击。事实上，在发展中国家，很多核心企业都存在这样的高负债率问题，甚至一些大型上市公司，也一度因为类似的债务问题而深陷泥潭，若不是因为其作为上市公司有更多的募资渠道可以自救，恐怕早就轰然倒塌了。

银行信贷资源对核心企业而言是非常重要的资源，是开展供应链金融的核心要素，既要充分利用，又要善用。

正确的做法应该是让供应链上下游企业作为融资主体，而不是让核心企业自己作为融资主体。同时，核心企业将自己的信用资源转换成对接供应链金融资产的风险投资资金，并以此来撬动更多的杠杆资金共同投向给上下游企业做融资的供应链金融资产，从而避免以自己作为负债主体所可能导致的债务危机。当然，这是一个颇为复杂、专业的系统性工作，为此需要搭建完善的从"做金融资产到卖金融资产"的开放金融生态圈体系以及多元化的募资渠道。

这也就促使核心企业迅速进入第二个发展阶段：大资管金融生态圈资金整合阶段。

9.2.2　第二阶段：大资管金融生态圈资金整合阶段

大资管并不是传统意义上的资管计划概念，而是从做资产、管资产到卖资产地开放金融生态圈。参与到这一大资管金融生态圈中的金融机构的形态是多元化的。

概括而言，可以将其分为以下四种形态：

（1）融资机构：它并不仅指商业银行，也包括财务公司、互联网小贷公司、商业保理公司、融资租赁公司等，尤其是那些产业集团（核心企业）旗下的金控平台，由于其掌握了产业场景资源，因此在供应链金融中往往扮演融资机构这一角色。

（2）现金管理与账户托管机构：这是指在大资管金融生态圈中提供底层账户管理、托管、资金支付结算与清算以及资金闭环控制的管理机构。由于金融牌照的限制，这一角色通常都会由商业银行担任。我们同时也注意到，互联网金融科技公司也在借助金融科技的力量，联手合作的商业银行，共同提供该领域的金融服务。

（3）资管机构：与融资机构相似，随着资本市场的开放，资管机构的形态也是多元化的，商业银行只是其中的一类，还包括私募基金、券商、信托、资管等。如果产业集团（核心企业）旗下的金控平台比较完善，已拥有这种类型的公司，那么它们就会在产业互联网供应链金融业务中扮演并掌握资管机构这一角色。

（4）资金方机构：它是指提供资金的机构。与传统 B2C 的募资体系不同，供应链金融的资产由于其复杂性与专业性，并不适合从普通个人资金方募集，而应该更多地从机构资金方募集，而且这些机构需要是那些能够真正理解供应链金融产品特征与风控体系的专业机构。

上述这些形态的金融机构各有侧重、相互组合，形成了完整的金融生态圈体系，如图 9-1 所示。

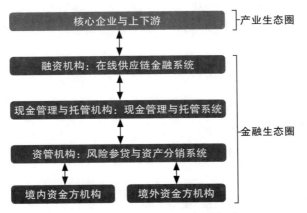

图 9-1　完整的金融生态圈体系

我们不难发现,对于大型供应链金融项目而言,传统金融机构希望以一己之力承担起所有这些机构的形态与角色,但在现实应用过程中往往是难以实现的,而且越是大型的供应链金融项目越是如此。

我们经常看到的现象是,随着自金融的日趋发展,越来越多的核心企业让旗下的财务公司、保理公司、小贷公司、融资租赁公司充当融资机构的角色,然后把做下来的资产通过多元化渠道募资,包括自身搭建或控股的私募基金、资管公司等,甚至进行资产证券化(ABS/ABN)来实现在金融资本市场直融的募资体系。

我们还需要着重强调核心企业通过大资管模式从自身供应链与产业链生态圈中募集资金的模式,这些生态圈资金包括集团各个分子公司的资金、集团境外公司的资金、高级管理层的资金、上下游企业的资金、地方政府重点产业扶持基金的资金、互联网科技公司的债权、股权投资资金等。之所以这些对象的资金都称为生态圈资金,是因为这些对象都是核心企业生态圈里的利益相关方(stakeholder)。其中,有些是内部利益相关方(internal stakeholder),如集团分子公司、集团境外公司、集团财务公司、高级管理层;有些是外部利益相关方(external stakeholder),如上下游企业、提供重点产业扶持基金或产业融资贴息的地方政府、提供股权债权风险投资或金融科技支持的互联网科技公司、合作的授信银行等。

这些利益相关方以各种形式参与到核心企业所搭建的供应链与产业链生态圈中,对于核心企业的业务熟悉度和接受度均比较高,因此通过资管计划或资产证券化的方式向它们募集资金,所需要花费的营销推广成本相对而言是比较低的:

(1)集团内部公司不必待言;对于员工中的高净值人群(如高级管理层)和上下游企业这样的利益相关方而言,由于它们对核心企业的高信赖度以及对基础交易的高熟悉度,核心企业在自己做劣后的基础上向其推出高收益优先级资管产品（这些产品的收益率通常可以比银行的理财产品高 2%～3%），通常都深受这些利益相关方的欢迎，有时甚至会出现"秒杀"的募资效果。

（2）对于提供重点产业扶持基金的地方政府而言，借助核心企业对供应链与产业链的管理能力，将产业扶持基金（如绿色能源基金、乡村振兴基金等）精准投放给指定对象，既帮助了地方政府落地产业政策，又确保了这些资金的安全与收益回报，因此也颇受地方政府欢迎。

（3）对于互联网科技公司而言，参与这些核心企业所主导的产业互联网供应链金融项目，不仅可以借助金融科技的力量抢占 B 端的应用场景，还有机会以供应链金融债权融资和对核心企业的股权投资相结合的投贷联动模式参与项目投资，与核心企业共享金融收益，可谓一石二鸟。这些互联网科技公司的强大募资能力，对于核心企业而言，无疑是另一个非常高效率的募资渠道。

从上述生态圈中的各个内外部利益相关方处募集资金，对于核心企业摆脱单一的银行信贷募资渠道，实现多元化募资体系，意义重大。更重要的是，由于利益相关方的深度参与以及彼此间的利益绑定，所以形成了更强的生态圈黏性，这一价值远胜于资金募集价值。

9.2.3　第三阶段：金融资本市场直融阶段

在第二阶段的发展过程中，核心企业已经开始通过大资管模式在生态圈中募集多元化资金，传统单一的银行信贷融资模式也由此转变成以资管计划为主要形式的募资模式。

核心企业的供应链金融平台在积累了一定的历史交易记录，拥有了相应的大数据和评级基础之后，供应链金融资产便开始具备了实现票据化（ABN）、证券化（ABS）并在金融资本市场上公开募集资金的条件。一旦资产票据化或证券化成功，供应链金融生态圈在募资端也就真正打开了对接金融资本市场的汪洋大海，而这是保证供应链金融循环运转、对做大规模极为关键的源源活水。应该说，将供应链金融资产通过票据化、证券化的方式在资本市场上公开发售、直接募集资金，是核心企业突破资金瓶颈、实现生态圈可持续发展的终极之路。

形成一个标准化产品在金融资本市场上做直融，既可以通过各个持牌金融机构（银行、券商、资管、基金等）向大众理财者募集资金，也同样可以从上文提到的生态圈中的各个内外部利益相关方那里定向募资。之所以很多时候核心企业愿意将该产品优先向生态圈中的利益相关方募集资金，是因为这样募集不仅效率高，还可以形成更强的生态圈黏性，从而使双方形成更紧密的利益共同体。

可以说，从金融机构的间接融资转向从金融资本市场的直接融资是大势所趋。将供应链金融资产证券化是打开核心企业实现从金融资本市场直融的关键一步，也是一项非常专业化、系统化的工作。

9.3 传统金融机构如何实现从封闭到开放

早在2000年初期，国际金融资本市场上就有银行家开始倡导开放银行的理念，但受制于当时金融科技的局限以及传统金融体系的封闭垄断，当时这一理念依然停留在口号上，鲜有成功落地实施的案例。

在核心企业驱动的产融结合模式中，金融机构该如何参与并成为金融生态圈的牵头方与整合者呢？

这里我们要引入三位一体的整合者角色概念：产业互联网供应链金融生态圈的整合者 = 牵头行（arranger）+ 簿记行（book runner）+ 管理行（asset manager）。这一角色其实与银团贷款结构中的牵头行、簿记行、安排行颇为类似。

之所以需要这一角色，并不完全是因为供应链金融项目通常都规模比较大，需要比较多的资金，而是由于有多元化形态的金融机构的参与，需要有一个牵头方来做整体的规划与整合。当然，从理论上讲，核心企业既可以是产业生态圈的整合者，也可以成为其金融生态圈的整合者，但绝大多数核心企业或其金控平台缺乏足够的金融专业性、金融科技系统与基础设施（账户体系、支付结算清算等）的搭建能力，以及多元化资金的募集能力。而金融机构如果能够扬长避短，在自身金融基础设施优势的基础上加强金融科技系统和专业风控体系的搭建与应用，则完全有机会担当起这个三位一体的供应链金融生态圈整合者的角色，而一旦成为这个角色，就一定会成为核心企业的核心银行。

这样一来，金融机构对于供应链金融项目的参与就不是"0"和"1"的选择，即完全不参与某种业务所以不需承担任何风险，或者一旦参与就必须承担业务所包含的所有风险，而是可以根据自身的能力，选择以上述4种形态中的任何一种或多种形态参与金融生态圈。如果金融机构希望能成为三位一体的供应链金融生态圈的整合者，就必须摒弃完全依赖自身力量的封闭模式，而是要借助互联网成为开放平台，通过整合资源来共建金融生态圈，使得自身的局限可以借助外部资源的整合而得到突破，并结合自身在牵头、簿记、管理领域的优势，帮助核心企业牵头搭建、规划并管理整个金融生态圈，更好地服务核心企业的产业生态圈。换言之，担当这一角色的金融机构既是核心企业金融生态圈背后的运营银行（现金与账户管理者），也是供应链金融资产的分销商与多元化资金的募集者。至于金融机构是否一定要成为前台的融资机构，则不再是一个必选项。

我们仍然以可口可乐经销商融资为例：

在可口可乐的经销商融资案例中，融资机构需要给数万个经销商提供数十亿元人民币的融资规模。对于很多传统商业银行来说，如果将这数万个遍布全国各地的经销商（基本上都是中小企业），当作单个的信贷主体逐个做尽职调查以及信用审核，不仅风控能力有限，而且成本代价非常高。如果金融机构参与本项目时能够改换一下思维，让可口可乐的合作商业保理公司、互联网小贷公司或财务公司担当融资机构的角色，而自己担当整个项目的牵头行＋簿记行＋管理行，这样就可以实现：

（1）借助非银行金融机构（如商业保理公司、互联网银行、互联网小贷公司等）的通道角色，来规避账户开立以及对信贷主体逐个地进行尽职调查与信用审核。若该通道公司是核心企业旗下的子公司，更有可能让该通道角色成为劣后资金的提供方之一，协助缓释风险。

（2）通过借助金融机构的现金管理与账户托管体系（可以是一整套电子虚拟账户体系），实现资金端到端的定向支付与闭环控制，将可口可乐数百亿元销售额的现金流都掌握在自己手里。

（3）通过对接可口可乐的经销商管理系统，全程参与经销商与可口可乐的交易过程，获取大数据，再加上对生态圈资金流的全程闭环管理，做出整体的风险量化分析与把控。

（4）将资产包通过风险参贷、资管计划、资产证券化等多种资金募集形式，出售给各个具有不同风险承受力的第三方资金机构（可以是金融机构，也可以是保理公司、私募基金等非金融机构，甚至是可口可乐自己）。在这样的情境下，这些第三方资金机构可以以多元化资金方的角色参与到这个资产管理体系内：有能力承担劣后风险的，可以以劣后级资金方机构参与；风险承受力稍弱的，可以担当夹层资金方机构的角色；风控力实在有限的，也可以担当优先级资金方机构的角色。而金融机构则既可以是资产管理行，也可以根据自身的风险承受力与信贷资产规模承受力，成为其中资产部分的持有者。

金融机构通过大资管金融生态圈模式的运用，可以在风控与资金引入方面达到一石二鸟的目的：

（1）风险参贷与资产分销：金融机构得以控制自身对于产业链金融

风险的敞口规模，这是一个战略性的风控举措。

（2）引入多元化资金：产业链的持续成长对金融的需求将呈几何级增长，任何一家银行，都没有能力自己满足产业链对资金的巨大需求，依托专业的大资管平台，能够撬动产业链内外多元化的资金来源，从而为做大产业链提供源源不断的资金支持。

大资管金融生态圈模式对风控体系的另一重要贡献，在于将产业链内利益相关方的资金（即生态圈资金）纳入资金来源，尤其是核心企业自己的资金，以达到风险缓释的目的。

如果核心企业能够提供一定比例的劣后资金参与大资管金融生态圈，则意味着其作为产业生态圈的主导者，对于整个供应链金融风控的自信，并愿意为此提供足够的风控支持，其意义不亚于金融担保，而且在实操上更为可行。当然，由于核心企业提供了一定比例的劣后资金，其劣后资金的收益在足够杠杆比例的撬动下，会变得非常可观和具有吸引力。例如：

供应商融资利率为12%，银行的优先级资金利率为6%，杠杆比例为20%劣后＋80%优先，核心企业的劣后资金收益可达36%，即 $12\% \times 100\% = 6\% \times 80\% + 36\% \times 20\%$。

丰厚的金融收益是撬动核心企业积极参与生态圈金融的核心激励机制之一。

在这里，需要着重强调以下两点：

（1）引入多元化金融机构与资金方，根据各自不同的风险承受力提供多元化的风险资金，形成大资管金融生态圈，固然可以促进产业链快速与可持续地成长，但其中的核心依然是信息透明的风控体系。无论资金的募集是通过风险参贷、资管理财、资产票据化或证券化，还是逐笔募集或打包组合募集，都不会改变风控的本质，都需要生态圈的牵头行、簿记行与管理行有完善的风控管理体系，并共享数据与信息给风险资金参与方，实现风险资产的透明化与穿透式管理。这里尤其要避免刚性兑付和利用信息不对称，来从不符合风险准入标准的资金方那里募集风险资金，以避免次级债模式的系统性风险。鉴于供应链金融资产的特殊性，其资金募集对象应该是熟悉此类风险资产性质的专业金融机构，而不是那些拥有理财资金的个人散户，或是那些不严谨合规的、纯粹以通道形式存在的私募基金、资管公司。这样可以避免将该类风险资产过度包装，层层传递给不具有风险承受力的个体。

（2）从非标资管风险参贷入手，最终走向资产票据化、证券化的过程是大势所趋，也是很多金融监管机构所支持鼓励的募资方式。这也是整个金融资本市场日趋开放与多元化，从银行间接融资快步走向资本市场直接融资的大势所趋。同样地，这依然不会改变底层风险资产的风控重要性，以及透明的穿透式资产管理的重要性。牵头行尤其需要承担起资产管理中整体风控管理的角色，而不只是做简单的风险转移。

如前文所述，金融机构若希望系统性地管理供应链金融的风险，就必须积极下沉到核心企业所在的产业链当中去。无论金融机构是以金融模块嵌入核心企业的产业互联网平台系统，还是与核心企业联手开发产业互联网与供应链金融平台，有一点是相同的，便是通过大资管金融生态圈模式引入多维度的风险管理体系与多元化的风险资金，这需要很强的金融专业性。

在目前阶段，核心企业即使搭建了完善的自金融平台，依然很难完全依靠自身力量来搭建这一大资管金融生态圈。我们之所以称之为大资管金融生态圈，是因为它并不是传统的资管计划的概念，而是从做资产到管资产再到卖资产的金融生态圈，由四种不同形态的金融机构参与。即使在募资领域，也会采用风险参贷、资管计划、资产证券化、投贷联动等多种方式方法，其整体专业性之强可见一斑。这也是传统金融机构实现战略转型，深度介入产业互联网与供应链金融生态圈最好的价值定位。

大资管金融生态圈的这种角色分工与综合演绎，为供应链金融的风控提供了大开大合的新体系，即资产分级、风险参贷、多元化资金募集、加速资产流转并盘活资金与资产规模、优化资产结构与资产负债表。更为重要的是，通过整合资源、扬长避短，更好地帮助传统金融机构成为核心企业的核心银行。

成为供应链金融生态圈的整合者并不是一件容易的事。它不只需要有搭建开放平台的理念或意愿，更重要的是需要有一整套开放的金融生态圈平台系统和一个专业的金融生态圈资源整合团队。

传统商业银行的供应链金融系统通常都是单一银行的封闭系统，而且往往与产业生态圈脱离，不具备这种包含多形态金融机构的开放金融生态圈平台系统。开放金融生态圈平台系统的搭建并非易事，不仅是因为其规模庞大（一个从做资产到管资产再到卖资产的金融系统，已接近于一个迷你版的银行核心系统）、新科技应用众多，还因为有一个重要的挑战，那就是内外部资源的整合。这一系统其实涵盖了商业银行从公司金融部，到贸易与供应链金融部、现金管理部、资产管理部、托管部、投行部、同业金融机构部、电子银行部、零售银行部等多个银行部门的资源协调与配合，以及外部多形态金融机构的资源整合，这里既有利益协调的挑战，也有流程再造和融合的挑战，更是对运营团队专业性的挑战。

在我看来，搭建生态开放、资源整合的供应链金融生态圈系统，是传统金融机构亟待开拓的重要领域，也是金融机构全程参与核心企业供应链金融项目的最佳切入点。只有在此基础上，金融机构才能更好地突破自身内部组织架构的藩篱，实现资源整合。

金融机构若想成为供应链金融生态圈的整合者，除了需要有一整套完善的供应链金融生态圈系统外，还要找准自己的角色：首先就是要以一个产融结合顾问的角色来给核心企业提供整体解决方案的规划咨询与顾问；其次是要成为产业专家，对基础产业链做深入了解，只有在对产业颇有洞见的情况下，金融机构才有可能把控整体风险，并发起一个类银团的风险参贷项目；最后是要成为投行家，对供应链金融项目的整体资产包进行资管计划与资产证券化的整体管理，在金融资本市场上组织多元化的资金和有不同风险承受力的机构，共同承接并运营这个资产项目，共建金融生态圈。

这个产融结合顾问＋产业专家＋投行家的角色组合，其实质就是3位1体的产业互联网供应链金融生态圈的整合者（牵头行＋簿记行＋资金与资产管理行）。

由此可见，供应链金融的开展对于复合型跨知识体系金融人才的要求非常高，金融机构若仅依靠传统的贸易金融人才或信贷人才，很难扮演和把握好其中的多元化角色。

金融机构如果能够把握时代发展的趋势，顺势而变，摒弃以自我为中心、完全依赖自身资源的封闭保守思维，以开放的互联网思维，借助自身的牌照优势、资金优势与专业优势，以系统化的方式全程参与核心企业三个阶段募资体系的搭建，帮助核心企业共建金融生态圈，共同成为金融资源的整合者，以金融赋能核心企业，成为其背后的金融引擎。这不仅可以帮助金融机构解决自身在开展产业互联网供应链金融过程中的信贷规模、授信额度与资金成本等问题，而且能够与核心企业形成优势互补的战略联盟伙伴关系，在迅猛发展的产业互联网供应链金融体系内找到自己可持续的价值定位。

9.4　从金融专家到产业专家，一个全新的投贷联动模式

供应链金融具有很强的产业属性，因此传统金融机构若想在此领域

有所作为，就需要同样具有产业专业性，也就是要"懂行"。

最直观的例子，如果商业银行想做大宗商品领域的供应链金融，就必须懂大宗商品行业的波动周期、价格走势、趋势与期现货联动避险，以及对贸易对手和贸易背景有深入了解，否则，恐怕连一个大宗商品的仓单质押融资都做不了，更不用说复杂的结构性贸易融资了。前文提及的获取产业大数据，同时通过科学的量化分析将其转换成产业专业风控力，则更是对传统金融机构在产业专业性上的考验。

金融机构要想具有产业专业性，并不是靠一两个稍微懂行的客户经理就可以实现的，而是要搭建完善的产业事业部体系，并有自己的产业风控官与专业的产业风控打分卡模型。

完善的产业事业部并不只是客户关系与营销团队的产业专业化，风控必须形成以产业专业化为特征的产业风控管理体系。换言之，风控官一定要成为产业专家才行，甚至要由资深产业官来担任，并要牵头搭建具有产业数据对比分析能力的、系统化的专业风控评分卡体系，而不是依赖单一平面的抵押担保式的传统信贷模式。这一领域的专业性是需要通过科学的数据建模以及长年累积产业经验来形成的，是需要为此做出重大投入的，绝非一蹴而就。

供应链金融并不是传统商业银行体系内的简单信贷产品，而是核心企业主导的大型金融生态圈项目与产融结合项目。在这样的项目里，核心企业的目标并不仅是为了融资，更多的是为了推动产业链的整合升级。因此，对于大型供应链金融项目而言，金融机构不仅需要帮助核心企业多渠道、多元化地从资本市场直接募集大规模、可持续、风险与收益相匹配的风险资金，还需要结合产业并购等投行业务，形成投贷联动。因此，金融机构在做此类业务时需要兼具投行和商业银行的双重思维，并很好地整合投行和商业银行的相关资源，达到协同效应。

多渠道多元化金融资本市场直融是一个专业性、技术性很强的产品领域，同时也是一个跨部门的产品领域：在做资产端，它是供应链融资债权产品；在募资端，它又需要经过金融市场部、同业机构部与投行部的协作，通过资管计划与资产证券化两种主要手段，从专业金融机构与金融资本市场上募集风险与收益相匹配的风险资金，而且募资时往往还需要做资产分级、投贷联动以及流动性的匹配。

资管计划和资产证券化从金融产品与技术发展角度来看，在市场上已存在多年，并无新奇之处。但若从基础资产的异同来看，供应链金融资产的资管计划与资产证券化，相比于房地产、基础建设工程、私募债、银行信贷等资产的资管计划与证券化，在产品设计上与处理方式上更为复杂。

供应链金融资产的复杂性对于商业银行在帮助其安排资管计划与资产证券化时，提出了很高的专业性要求：商业银行供应链金融团队必须真正下沉到核心企业的产业链中，掌握基础交易的大数据，明确贸易自偿性并将其标准化或票据化；之后，商业银行团队需要与投行团队密切沟通，在资产池的具体组成、期限错配与流动性匹配等方面做很多的设计，才有可能形成合力，共同做好资管产品的设计与募资工作。以供应链金融资金整合者的角色帮助核心企业募集多渠道、多元化的资本市场资金，需要商业银行能兼具投行思维，打破部门、银行藩篱，将商业银行业务与投资银行业务有机融合在一起，并实现投商行一体化的运营管理体系。

很多发展中国家都处于产业链全面整合升级的阶段。行业龙头企业纷纷通过产业链整合迅速扩大规模，形成规模优势与高准入门槛，并在此基础上引入新技术，推动产业的供给侧结构性改革与产业升级。

产业并购与供应链金融已成为核心企业整合产业链最有力的金融赋能双轮驱动模式，而这背后其实就是典型的投贷联动模式。

投贷联动模式能否成功，关键在于投行业务与商业银行业务是否能够形成很好的融合，即股权投资能否为贷款提供专业的、有别于传统信贷的辅助风控力，从而更好地推动贷款业务的发展。这样的辅助风控体现在两个专业领域：

（1）基于股权投资的风险拨备模型，以及未来股权投资或债转股投资所带来的高收益，来覆盖可能存在的投融资风险。

（2）基于股权投资的行业专业性，深度参与企业运营，了解企业的发展动向，在产业并购与供应链金融领域助力企业纵向整合上下游企业，横向整合产业链平行企业，实现跨越式发展。

金融机构能投资目标企业的股权，意味着它懂这个企业，并且看好其未来的发展。同时它也具有一定的行业洞察力与风险承受力，因此可以在股权投资的基础上提供债权投资，或者以可转债形式切入，在合适的时机将其转换成股权，形成债权与股权的联动效应。

对于传统商业银行而言，向目标企业提供股债联动的全方位融资支持，听上去很有逻辑、很合理，但在实际操作中有很多挑战。

（1）传统商业银行的属性造成了它不是一个专业的股权投资者，也无法具备专业的私募股权基金那样的资源整合能力与风险承受力，如果只是做纯粹的中后期财务投资机构与投行业务，则无法实现差异竞争，也没有充分发挥商业银行的优势。

（2）如何变现退出？企业如果是上市公司，当然可以股票变现退出，但这种应用场景其实并不多见。上市公司的募资方式多种多样，发债、股票质押融资都可以，并不需要通过引入银行股权投资或债转股这样较为复杂的形式。事实上这样的场景大多出现在非上市公司身上，但这对于商业银行的变现退出无疑是个挑战，尤其考验商业银行是否有能力长期投资目标企业，并帮助其变革成长进而上市。

在供应链金融领域，通过投贷联动帮助目标核心企业整合产业链，是非常可行有效的手段，尤其对于那些具有较强生态圈控制力，并期望通过行业整合并购实现快速平台化发展的核心企业。

核心企业在产业互联网平台化发展的过程中需要大量资金用于产业链整合，除了必要的并购资金外，通过供应链金融整合产业链是最为有效的手段；核心企业借助自身信用资源优势与风控力，携手金融机构，通过供应链金融向上下游中小企业提供流动资金支持，成为核心企业整合产业链、实现平台化发展的最有力的武器。在对上下游中小企业提供信贷支持的风控领域，投贷联动可以发挥较好的作用，主要体现在以下两个方面：

（1）金融机构通过核心企业的产业互联网平台给产业链的上下游企业与平行企业提供供应链金融贷款，核心企业与平行企业、上下游企业签订债转股协议，当向上下游企业或平行企业提供供应链金融支持发生逾期或违约时，核心企业按照事先供应链融资协议的债转股条款约定，将其对金融机构的债务收回，并且转换成股权，从而实现并购整合的目的。

（2）核心企业在债务收回或偿付的过程中，也可以要求商业银行进一步提供并购资金，帮助核心企业对产业链平行企业或上下游企业实现并购控股，迅速扩大规模；并为此向有战略合作的金融机构提供可转债约定，允许商业银行通过债转股或可转债形式转换成股权，并在合适的时机变现退出，实现金融机构对核心企业的投贷联动。

在这样的场景里，核心企业的动力在于通过携手金融机构的投贷联动，共同把控风险、整合上下游与产业链。因此，核心企业对生态圈里融资对象的选择与支持是有战略目的的。金融机构的动力则在于通过投贷联动，既可以借助核心企业对产业链生态圈的强势控制力来控制风险，又可以联手核心企业整合整个产业链，实现投贷联动的规模化发展与高收益。

如前文所述，越来越多的核心企业与金融机构已经意识到，产业并购与供应链金融是核心企业实现产业整合的金融赋能双轮驱动模式。

供应链金融领域的投贷联动对于传统金融机构而言，意味着一个全新的领域与全新的要求，传统金融机构也需要为此做出两个重要转变：

（1）金融机构需要把供应链金融与投行资源完整地嫁接到整个核心企业的供应链金融体系中。金融机构的各个产品部门之间往往泾渭分明，甚至在营销目标方面也常常各自为战，难有交集。投贷联动风控体系要求商业银行不同产品部门之间打破分工窠臼，手牵手地进入到核心企业的供应链与产业链中去。若产品部门之间难以形成合力，将直接弱化商业银行在此业务体系中的地位与作用，而核心企业必定会自行引入投行资源达成其整合目的，这也是其"自金融"意图的动因之一。

（2）金融机构必须确保供应链金融风险官（或风险管理部门）具有产业专业性。目前很多金融机构的风险官并不是按照产业来分类的，甚至某些金融机构对整个供应链金融的客户体系鲜有按照产业来分类的机制。由于缺乏产业专业性与洞见力，使得风险官对于整个目标产业的交易体系、交易习惯、生产周期、销售渠道、履约水平、价格风险、系统性市场风险以及相应风控机制的认知严重不足。更为重要的是，因为缺乏对核心企业产业链资源的基本了解，金融机构无法给核心企业关于对哪一些链上的交易对手进行债转股安排的建议。同时，由于产品部门之间存在藩篱，风险官也必然不具备判断产业链并购整合对于风险体系的缓释度的能力，或者说，这种并购整合是否可能为核心企业带来派生风险等。因此金融机构若想在供应链金融的投贷联动方面有所作为，不仅要与核心企业形成利益共同体，而且要花大力气让自身具有产业专业性，并且打破各个部门之间的隔阂，形成业务合力，如此对于核心企业方才有价值。投贷联动风险控制体系的搭建是一个高度系统化的工程，要做很多内外部整合资源的工作，这意味着核心企业在整合过程中需要做很多组织架构的调整、激励机制的变革等，如此这个新颖的风控体系才有其生命力。

当今产业链整合升级的浪潮风起云涌。对于金融机构而言，通过对产业的细分与产业集群的拓展，形成客户关系与行业应用的专业化，并采用投贷联动的方式与核心企业形成战略联盟，借助核心企业的力量实现以债转股为核心的投贷联动，帮助核心企业通过产业并购＋供应链金融的双轮驱动模式实现产业链整合，是金融机构向产业特色银行与开放平台银行发展的关键。

无论是从产业中来到金融中去，还是从金融中来到产业中去，都需要金融机构与核心企业能够兼具金融专业性与产业专业性。这势在必行，但又无法一蹴而就，需要具有长期推动改革的战略意识，可谓任重道远。

CHAPTER 10
第 10 章

如何搭建强大的产业互联网生态圈赋能系统

产业互联网系统不是电商系统,而是供应链管理与生态圈赋能系统,其赋能的本质使得核心企业需要将管理体系从内部化管理驱动模式转变为外部化赋能驱动模式,真正实现产业互联网数字化平台化的战略转型。因此,产业互联网系统是外部化赋能驱动的三流合一的产业生态圈赋能系统。

10.1 三流合一的产业生态圈赋能系统

10.1.1 以赋能为原点

与消费互联网不同,产业互联网不是以电商卖货为原点,而是以赋能为原点来搭建的,商品供应赋能只是产业互联网多元化赋能体系中的一环。

由于产业互联网赋能的对象不是消费者（2C），而是供应链与产业链上的交易对手与合作伙伴（2B），因此其赋能体系与交易模型是非常复杂的。根据不同的产业特征与不同交易对手的痛点，其赋能体系不是单一的商品供应赋能模式，而是多元化赋能模式；其交易模型（订单流模型）也不是简单的标准产品电子订单，而是多种形态的订单流模型，甚至很多订单是买家与卖家在线下已经达成意向的订单。这些订单之所以上产业互联网平台做交易，就是为了获取平台上的多元化赋能服务，解决它们交易过程中的痛点。

图 10-1 和图 10-2 是两家处于同一行业的核心企业各自推出的产业互联网系统。

图 10-1　M 公司的产业互联网系统

图 10-2　S 公司的产业互联网系统

M公司和S公司都处于医疗耗材领域，赋能的主要对象也都是境外各个国家的医疗耗材经销商或终端企业用户（如医院、实验室等）。

然而你会发现这两个系统的架构设计完全不同。

（1）M公司的产业互联网系统更像是医疗耗材的出口电商系统。其系统的搭建以销售医疗耗材商品为原点，用户登录系统所看到的是一个电子商城，里面是琳琅满目的各种医疗耗材商品，用户可以通过商城选择商品、价格与交易方式，然后在线下订单。平台方M公司扮演的是自营贸易商的角色，一边在线上接境外买家的订单，一边在线下向供应商做背对背的采购，从中赚取商品买卖差价。这是一个传统的贸易商模型，而这个产业互联网系统其实就是电商系统，其价值主要体现在更好地营销商品与提升交易效率层面。

除了商品供应赋能外，境外买家在购买商品时是否还有其他痛点需要赋能呢？供应商在供货时是否也有其他痛点需要赋能呢？如果境外买家有自己长期合作的供应商，供应商也有自己长期合作的境外买家，它们之间的交易会有怎样的痛点，平台该提供怎样的赋能服务，从而使得这些交易也能在平台上完成呢？

（2）S公司的产业互联网系统更像一个多元化赋能系统。用户登录系统首先看到的是一个个赋能模块，如产品中心、定制中心、订单中心、采购中心、集采中心、促销中心、撮合中心、金融中心、技术中心、物流中心、资讯中心、客服中心、会员中心。每一模块基本上都代表了一项赋能服务，S公司的产业互联网系统总共提供了七大赋能服务：

1）供应赋能：产品中心、定制中心、订单中心、采购中心、集采中心。目标赋能对象：境外客户（需要寻找合适的供应商来采购医疗耗材产品）。

2）营销赋能：促销中心、撮合中心。目标赋能对象：供应商（需要寻找更多的买家来销售其医疗耗材产品）。

3）技术赋能：技术中心。目标赋能对象：境外客户（需要获取使用医疗耗材产品所需要的技术服务)。

4)物流赋能：物流中心。目标赋能对象：境外客户+供应商（需要获取商品交易交付过程中更高效、更低成本的物流服务）。

5)金融赋能：金融中心。目标赋能对象：境外客户+供应商（需要获取商品交易过程中的融资服务）。

6)资讯赋能：资讯中心。目标赋能对象：境外客户+供应商（需要获取相关行业、市场、产品的商业资讯）。

7)客服赋能：客服中心。目标赋能对象：境外客户+供应商（需要获取售前、售中、售后过程中的在线客户服务）。

在这七大赋能服务中，当然也包括与M公司类似的电子商城（产品中心中的商品供应赋能）。换言之，M公司的产业互联网系统是S公司产业互联网平台上的一个赋能模块。

但即使是同样的商品供应赋能，S公司与M公司在交易模型（订单流模型）上也有很大不同：M公司的商品供应赋能更多采用的是标准化商品的自营贸易商模式，因此采用的是在线询价+标准商品电子订单模式。这一模式与S公司产业互联网平台上的产品中心模块是一致的。但S公司并不只是提供这一订单流模型，同时还提供另外五个供应赋能领域的订单流模型和两个营销赋能领域的订单流模型。

1)供应赋能领域：

- 定制化产品订单：定制中心。
- 可售商品可售价格订单与自由格式自营订单：订单中心、会员中心。
- 采购外包订单：采购中心。
- 集采订单：集采中心。

2)营销赋能领域：

- 促销订单：促销中心。
- 撮合订单：撮合中心。

之所以 S 公司会用到这么多的订单流模型，是因为赋能对象不同，提供的赋能方式不同，自然商业模型也不同。例如，对于自营商品，就会采用可售商品可售价格订单模型与自由格式自营订单模型，这与 M 公司是一致的。但如果赋能对象更多元化，有更为复杂的采购要求，如需要定制化产品或采购外包服务，S 公司就需要为此提供有针对性的订单流模型，即定制化产品订单模型与采购外包订单模型。因此，订单流模型是商业模型的体现与载体，不同的订单流模型反映了不同的商业模型。产业互联网系统中包含的订单流模型越丰富，其商业模型也就越丰富。

10.1.2 开放整合的平台化赋能系统

S 公司产业互联网系统上的这些赋能服务，并不一定完全需要由 S 公司自身提供，也可以由 S 公司整合的第三方赋能服务商来提供。

以金融中心模块为例：

该模块并不是 S 公司自己内部的财务金融管理系统，而是平台向产业生态圈合作伙伴提供的供应链金融赋能系统。金融服务商也并非平台自身，而是平台整合的多家商业银行，这些商业银行分别提供了两种供应链金融解决方案：

（1）易购：针对境外经销商采购商品时缺少资金这一痛点而设计的采购订单预付款融资解决方案。

（2）易收：针对供应商出口商品需要向境外买家提供应收账款账期而设计的应收账款出口信保融资解决方案。

以物流中心模块为例：

该模块也同样不是 S 公司自己内部的物流管理系统，而是 S 公司向产业生态圈合作伙伴提供的一站式端到端的物流服务管理系统。物流服务商也并非 S 公司自身，而是 S 公司整合的多家物流公司与货代公司。这些物流公司与货代公司分别提供海运、空运、陆运、报关、检验检测等领域的解决方案,而 S 公司将这些服务商整合在一起,结合自身的中转保税仓服务与定制化包装服务,使境外买家可以从平台上获取更为专业、高效、低成本、一站式的国际货代物流服务。

通过上述两个赋能模块我们不难发现:

(1)这些赋能服务所对应的订单并不一定是 S 公司的自营订单,S 公司也不一定需要成为订单交易中的一环,它可以是境外买家与自己的供应商在系统外达成的订单,而之所以这些订单会上 S 公司产业互联网系统进行交易,就是为了获取 S 公司的赋能服务。

(2)这些赋能服务并不一定是 S 公司自己提供的赋能服务,而完全可以由平台整合的第三方赋能服务商来提供,而之所以这些赋能服务商会上系统来提供赋能服务,是因为系统也向这些赋能服务商提供了一定的赋能服务。例如,银行之所以能上系统提供金融赋能,是因为系统提供了辅助风控手段并提高了交易效率;物流商与货代商之所以能上系统提供物流赋能,是因为系统获取了更多客户,提升了物流效率,降低了物流成本。

这些特征都凸显了产业互联网系统开放整合的平台化赋能属性。

产业互联网系统是外部化赋能驱动的模型,不仅对交易对手开放整合,对赋能资源也同样开放整合。只要系统上的赋能服务是真正有价值的、足够丰富的,能解决它们在交易过程中的需求。在赋能资源不断开放整合的过程中,不仅交易对手的数量会增加,其形态也会增加。例如,除了上游供应商、下游经销商外,还可以进一步延伸到供应商的供应商、经销商的终端用户、同行的平行企业,以及平行企业的上下游交易对手等,如图 10-3 所示。

图 10-3　对交易对手和赋能资源的开放

赋能对象越多，需求越多，系统的搭建者就越需要整合外部更多的赋能机构一起参与赋能。系统越开放，整合能力越强，系统的赋能能力就越强，交易对手就会越多，交易规模也就会越大。

10.2 从电子商城到产业生态圈赋能系统

从赋能的角度讲，产业互联网系统的发展经历了从赋能自身，到赋能供应链上下游交易对手，进而到赋能整个产业生态圈合作伙伴三个阶段，如图10-4所示。

图10-4 产业互联网系统的三个发展阶段

10.2.1 赋能自身的ERP+电子商城阶段

这是早期的产业互联网形态。

这个阶段的核心企业已经具备较好的内部管理系统（ERP系统），并且在ERP系统中搭建了一个电子商城模块。下游客户在向其采购商品时，可以通过该电子商城下电子采购订单，从而把原来低效率的线下纸质订单转变为较为高效的线上电子订单。

此时的电子商城通常是以自身商品为核心的自营贸易模式。当然，在给下游客户提供商品供应赋能的基础上，电子商城也会提供一些线下的配套服务（如物流服务），但大多只是针对自己与下游客户的交易，其目的是销售自己的商品，赋能服务非常有限，也没有将物流与资金流与电子订单融合在一起，形成三流合一的在线赋能服务体系，平台化赋能属性非常弱，很多下游客户在交易过程中的痛点没有得到解决，例如：采购时缺少资金，系统是否可以以供应链金融赋能？物流配送周期过长、成本过高，系统是否可以提供更多更好的物流解决方案？等等。

从管理体系上讲，此时的电子商城大多只是核心企业 ERP 系统中的一个模块，并与 ERP 系统中的其他管理模块对接在一起，如客户管理模块、商品管理模块、价格管理模块、库存管理模块、物流管理模块等。因此，其商业模型与管理体系依然是内部化管理驱动模式，而不是外部化赋能驱动模式。换言之，交易对手需要按照核心企业目前现有的内部化管理体系与交易流程进行交易，而不是以客户为中心，以帮助他们解决交易中的痛点为原点，通过赋能体系来赋能产业链生态圈中更多的合作伙伴，吸引更多的交易上线，并在这个过程中倒逼内部管理流程发生变革，从而更好地满足外部客户的赋能需要。

从严格意义上讲，这个阶段的产业互联网系统更类似于给下游客户用的电子订单系统，仅仅完成了线下订单线上化的办公自动化过程。它所针对的赋能对象与提供的赋能服务是非常有限的，产业生态圈合作伙伴的许多个性化需求无法得到满足，因此不是真正意义上的产业互联网赋能系统。

标准化的电子商城系统是无法满足产业生态圈中丰富的交易对手的复杂需求的，也不具有符合产业特征的专业化赋能方案，更无法满足核心企业对于推动产业链整合升级的战略发展的需求。

10.2.2　赋能供应链上下游交易对手的供应链管理系统阶段

这个阶段的核心企业已经从赋能自身开始转变为向供应链上下游交易对手输出赋能；赋能体系也从单一的商品供应赋能进入营销赋能、仓储赋能、物流赋能、金融赋能、经营管理赋能等多元化的赋能体系，电商系统也就开始转变成为针对上下游的供应链管理系统。

在这一阶段，越来越多的核心企业将内部管理系统与电商系统转变成为针对其供应链上下游交易对手的外部化赋能管理系统，系统的功能重心从简单的在线商品买卖转移到了具有产业特征的供应链管理增值服务上，而这些供应链管理增值服务进一步强化了核心企业对上下游交易对手的把控力，也进而促进了供应链体系内的商品交易。

以可口可乐对下游经销商的管理系统 PBMS 为例：

PBMS 系统是可口可乐在传统 CRM 的基础上，针对下游经销商而搭建的一整套完善的经销商进销存经营管理系统，它就如同一套迷你版的经销商 ERP 系统。这套系统不仅可以帮助经销商实现向可口可乐在线采购商品的全流程线上交易，更是一套给经销商量身定制的进销存经营管理系统，帮助经销商更高效地管理整个业务流程，它涵盖了从经销商下订单、可口可乐发货、经销商收货入库、经销商接收零售店铺的订单、经销商发货、物流配送全程 GPS 可视化跟踪，到零售店铺收货确认、零售店铺付款的全过程。同时，可口可乐还为经销商设计了诸多经营管理增值功能，如 KPI 考核、财务管理、各种销售数据统计、员工管理、车辆管理、零售店铺管理、手持终端售卖 POS 等。这就使得经销商可以完全通过这套供应链管理系统处理所有的日常业务管理工作。正是这些增值服务，促进了可口可乐的商品销售。

考虑到经销商大多都是小微企业，这一管理系统的设计是基于智能手机移动端的 App，以便于经销商上手操作。

同时，为了解决经销商在采购商品时缺少流动资金的问题，可口可乐还在 PBMS 系统中内嵌了供应链金融赋能模块，这样经销商在平台上下电子采购订单时，按一个融资申请键，就可以轻松获取可口可乐合作金融机构提供的在线融资服务。

因此，与其说这是一套可口可乐的电商系统，不如说这是针对经销商的供应链管理系统。该系统中不仅承载了可口可乐经销商的所有商流、物流、资金流数据，还承载了这些经销商所服务的五六百万家零售店铺的交易数据，这是可口可乐把控终端、领先同行竞争对手的制胜武器。

类似的供应链管理系统已日趋普及。越来越多的核心企业将其对上下游的供应链管理服务从线下移到了线上，并快速部署到移动端，而且还在供应链管理服务的基础上加入了更多元化的赋能服务（例如可口可乐 PBMS 系统中的经营管理赋能、营销赋能、金融赋能），不仅大大提高了服务效能，还产生了更具有竞争力和创新力的商业模型。

然而，这个阶段的系统依然只是针对自身供应链上下游交易对手的供应链管理系统，还没有延伸到整个产业链，因此也不是真正意义上的产业互联网赋能系统。

10.2.3　赋能产业生态圈合作伙伴的产业互联网赋能系统阶段

这个阶段的核心企业已经从赋能自身供应链上下游交易对手进阶到赋能整个产业链上的合作伙伴，赋能对象更加多元化，订单流模型与商业模型也更加丰富，开放整合的平台化赋能属性也更强。

在这个阶段，给上下游交易对手使用的供应链管理系统进一步发展成为更加开放的产业链赋能管理系统，其产业专业性与平台化发展的特征更加显著，新的订单流模型与商业模型也层出不穷，具体体现在以下四个方面。

（1）更多形态的生态圈用户：产业互联网所涵盖的用户并不只是核心企业自己的上下游交易对手，还包括整个产业链上的多形态企业，如同行平行企业、同行平行企业的上下游企业、终端用户、贸易中间商、仓储、物流、报关等供应链管理基础服务商，也包括银行、自金融平台、第三方非银行金融机构等多元化的金融机构等。

（2）更多元化的赋能服务与多形态的订单流模型：由于赋能对象的多元化，针对这些赋能对象的赋能服务体系也越来越多元化，由此出现了很多新的订单流模型，每一种新的订单流模式背后都是一种新的商业模型，这是产业互联网系统的核心竞争力与创新力的体现。

（3）更清晰的三流合一产融结合体系：产业互联网的多元化赋能服务都可以归纳为信息流、物流和资金流这三流的赋能服务。物流只是承载商品流动的基础服务，信息流是串起交易的红线，资金流则是交易得以实现的核心驱动力。在产业互联网的推动下，商流已越来越快速地线上化，这也带动了物流与资金流的线上化，物流与资金流内嵌在多形态的订单流里，形成强大的三流合一在线管理体系。尤其是资金流，很多发展中国家的金融体系尚处于发展的初级阶段，金融对于很多产业链的整合升级而言都是痛点和稀缺资源，对于那些拥有大量中小企业和民营企业的产业生态圈而言尤其如此，因此供应链金融赋能是产业互联网发展的核心驱动力，产业互联网系统也是产融结合的双生态圈系统。

（4）更具有鲜明产业特征的个性化赋能系统：不同产业链的产业特征与需求以及产业链上赋能对象的痛点都有着巨大的差异，因此产业互联网系统需要具有鲜明的产业特征，需要提供具有产业专业化的赋能服务，这样才会有更多的交易对手、合作伙伴与赋能服务商愿意加入平台。因此，产业互联网系统从来都不是标准化的 ERP 系统或电子商城系统，而是需要做很多定制化赋能解决方案的具有鲜明产业特征的个性化赋能系统。

产业的专业性特征并不只是体现在商品交易的专业性上，更在于不同行业的赋能对象与赋能方案都有着很强的产业专业性。而且即使是同一行业，产业互联网系统也会因为不同核心企业的不同资源禀赋而形成差异很大的赋能解决方案与商业模型。

以大宗商品行业与快消品行业的对比为例：其差异化不只是在商品交易过程中订单要素内容的不同，其采用的订单流模型也有巨大的差异，赋能的方式方法更加大相径庭：

- 同样是物流赋能：不同产业所需要的物流赋能差异巨大。有些商品需要集装箱物流，有些商品需要散货船物流，有些时效性要求高的商品一定要空运，有些时效性不强但成本要求很高的商品则适合用海运，有些危化品需要有特殊持牌资质的专业物流商来赋能，并要有配套的危化品仓储服务，有些需要低温保存的商品则需要有冷链物流与仓储商来赋能，等等。
- 金融赋能的产业特征差异也很大：同样是经销渠道商融资，大宗商品行业与快消品行业的经销渠道商融资解决方案完全不同。由于大宗商品具有较强的金融属性，大宗商品行业的渠道商大多会采用与货押相关的融资方案。产业互联网系统需要提供与货押融资相关的辅助风控赋能，例如，如何帮助金融机构实现全程控货，出现弃货现象时如何协助金融机构变现，等等。快消品行业的商品周转率非常高，渠道商融资往往并不适合采用与货押相关的融资解决方案，而需要更多地采用基于核心企业供应链管理体系的软担保风控。

10.3　从内部化管理驱动模式转变为外部化赋能驱动模式

产业互联网系统不是 ERP 系统，不是办公自动化系统，不是电商系统，而是产业生态圈赋能系统。它是以客户需求为导向的外部化赋能系统。在它的推动下，越来越多的企业正在从内部化管理驱动模式转变为外部化赋能驱动模式。这是一场管理的变革。

ERP系统是典型的内部化管理驱动模式。很多企业在上ERP系统时，都是根据自身现有的业务体系来搭建内部化管理系统。当系统上线、流程标准化以后，所有管理人员都要按照系统设定的管理流程与客户做业务，这是一个典型的以ERP系统为代表的内部化管理驱动模式。

产业互联网以赋能为原点，通过开放整合赋能资源，向产业生态圈合作伙伴提供多元化的赋能体系。这些赋能并不是对自身的赋能，而是对整个产业生态圈合作伙伴的赋能，它需要有一个更为强大的后台赋能管理系统来驱动，而这个后台赋能管理系统是以外部化赋能为驱动的，而不是以内部化管理为驱动的。图10-5是典型的产业互联网后台赋能管理系统。

图 10-5　产业互联网后台赋能管理系统

这个后台赋能管理系统有12个模块，分别用于驱动产业互联网前台的十大赋能体系。这些模块从文字上看似乎和ERP系统里的应用模块差别不大，例如ERP系统中也有供应商管理、客户管理、商品管理、价格管理、订单管理、库存管理、物流管理、金融管理等,但在功能体系的搭建上,产业互联网后台赋能管理系统与ERP系统有着本质的差别。

以客户关系管理(CRM)模块为例:

ERP系统中的客户关系管理模块是一个内部化管理模块,是通常用于记录客户的常用信息资料、客户拜访报告、客户沟通记录与客户交易记录等的静态信息数据库。它通常并不与客户发生在线互动与实时响应,也没有具有产业特征的赋能服务。

但是在产业互联网系统中,客户关系管理模块发生了质的变化,它所涵盖的客户不仅是企业自己的客户,还包含了系统上供应商的客户、经销商的客户和同行平行企业的客户,而供应商、经销商或同行平行企业之所以把它们的客户拉上系统来做交易,就是为了得到系统的赋能服务,解决它们交易过程中的痛点。

同时,客户关系管理模块也已经发展成为一个会员管理体系与营销获客体系。通过对历史交易记录等大数据的统计分析,形成精准的脸谱肖像描绘,并以此为基础构建更为精准化、智能化的营销解决方案。

我在辅导一家中国乳制品行业领先的上市企业集团时,给它设计了一个名为"牛奶钱包"的工具。它不仅是CRM管理体系中针对终端消费者的会员管理系统,也是支付结算交易系统。它除了记录消费者的基本信息数据外,更是一个通过各种优惠促销活动来线上获客、精准营销的工具。它所采用的核心工具是电子虚拟账户(电子钱包),消费者只要在线向该电子钱包充值,就可以获得各种优惠,例如购物折扣优惠券、买一送一、积分等。因此,在这样一个针对最终消费者的CRM管理系统中还包含了电子虚拟账户体系、支付结算功能、消费金融服务以及历史交易记录。通过对这些大数据进行分析,该企业就可以较为准确地描绘出每个消费者的脸谱画像,并以此为基础,形成精准营销解决方案。

这些终端消费者的获取不仅来源于该企业自身通过互联网触达的用

户，也来源于各个经销渠道商所触达的用户。一旦达成交易，这些消费者的订单就会通过产业互联网赋能系统派单到相应的经销渠道商那里，由它们就近提供商品交付服务，从而使得该企业可以与经销渠道商形成更有黏性的客户关系。而每个经销渠道商也有各自的牛奶钱包，从而形成平台→消费者→经销渠道商→平台相互促进赋能的利益共享链条与合作营销机制。

客户关系管理模块包含了向客户提供金融赋能服务所需的各种与金融风控相关的信息数据分析与信用评级体系，但也需要配合诸多辅助风控手段，例如客户的订单交易一定要在系统上完成，交易的资金一定要定向支付闭环控制，交易的商品一定要由指定物流商做控货配送，等等。

由此，同样一个客户会员等级，除了常规的商业等级评价标准外，还会有金融信用等级评价标准，而金融信用的变化会反过来影响其商业等级的变化；同样一个客户账户信息，除了常规的账户信息外，还会有融资所需的特定托管账户，并且要做闭环控制；同样一个客户订单交易，除了常规的订单交易管理流程外，还要加入与融资相关的要素管理流程。订单交易完成还不够，还要整个融资还款交易全部按时完成，交易管理流程才算结束。这就意味着客户的管理负责人不仅包括销售负责人，也包括金融负责人，而且两者要形成协同。

这些都是传统的内部化管理驱动的 CRM 系统所不具备的，而这样外部化赋能驱动的 CRM 系统是产业互联网系统中的核心应用之一。

以仓储管理系统（WMS）模块为例：

ERP 系统里的 WMS 管理的是企业内部的仓库与库存，是内部化管理模式。产业互联网系统内的 WMS 是对外仓储赋能模块，管理的是外部赋能对象的仓储与库存。

作为一个赋能模块，产业互联网系统需要整合外部仓储服务商资源向平台的生态圈合作伙伴输出仓储赋能服务，而生态圈合作伙伴既可以是外部的供应商，也可以是客户或同行平行企业。不仅提供服务的不是核心企业自己的仓库，仓库里的存货也不是核心企业自己的存货，而是赋能对象的存货。同时，产业互联网系统也需要对接多个专业仓储服务商各自的WMS，比如普洛斯的仓储管理系统、中外运的仓储管理系统。然而，无论采用哪一家仓储服务商，无论这家仓储服务商是否有自己的WMS，都由产业互联网系统的仓储管理模块来驱动向生态圈合作伙伴提供整合的仓储赋能服务。

生态圈合作伙伴之所以采用产业互联网系统提供的仓储管理服务，就是为了得到系统的赋能，解决它们仓储上的痛点。例如，是否需要冷库仓储？是否需要危化品仓储？仓储的成本是否有竞争力？是否可以通过存货质押来获取融资？等等。

以存货质押融资为例：

生态圈合作伙伴之所以采用产业互联网系统提供的仓储服务，也许就是为了获取存货质押融资，以解决缺少流动资金的问题。系统若想提供该服务，不仅需要引入合适的仓储服务商，还要引入合适的金融机构，而且该金融机构还要能接受该仓储服务商的存货管理能力，以及产业互联网系统的控货变现能力，以确保存货质押融资过程中的风险控制，这就使得同样一个仓储管理系统，不仅要用到产业互联网系统的WMS，也要用到仓储服务商的WMS，并且要与金融机构的存货质押融资系统对接打通，实现在线仓储管理。

因此，这样一个对外赋能的WMS与ERP系统中的内部化物流仓储管理模块有很大的差异。但它也具有很多产业特征，也是核心企业对整个产业生态圈输出赋能的核心应用之一。

以金融管理服务（FMS）模块为例：

FMS并不是企业的内部财务管理系统，而是赋能产业生态圈合作伙伴的金融赋能系统。它既包含了对产业互联网系统上所有订单从销售到回款、从采购到付款的支付结算全流程管理，也包含了给生态圈合作伙伴提供的供应链金融赋能服务。

同样是一笔付款，ERP系统里的付款是企业自己的付款，而产业互联网系统上的付款可以是系统上任意一个买家客户向任意一个供应商采购商品的订单付款。它可能需要调用系统提供的支付接口，并对接系统合作银行提供的在线电子账户体系，从而完成与该采购订单相融合的在线支付功能。

同样是一笔融资，ERP系统里的融资是企业自己的融资，而产业互联网系统上的融资是系统向生态圈合作伙伴提供的融资赋能服务。它既可以是核心企业用自身的资金提供融资赋能，也可以是整合外部金融机构的资金提供融资赋能，但无论哪种形式，该金融管理模块就如同一家提供融资服务的金融机构，需要做端到端的风险把控与融资管理。为了做好融资赋能，该金融管理模块还需要把融资交易与支付管理、账户管理以及融资所对应的平台上的商品交易订单联动起来，并做好资金的闭环控制。

由此可见，产业互联网不是EPR系统这样的内部化管理驱动的体系，而是完全外部化赋能驱动的体系。它需要企业实现管理体系的深刻变革，一切以赋能对象的赋能需求为原点，从内部化管理驱动模型转变为外部化赋能驱动模型。只有这样，才能真正实现产业互联网数字化平台化的战略转型。

10.4　小核心、大应用、外部化赋能驱动模型

产业互联网正在推动一场深刻的企业管理变革。这个管理变革的本质就是企业实现产业互联网数字化平台化发展的战略转型，它既需要人

的变革,也需要管理系统的变革。

在产业互联网的驱动下,越来越多的应用管理模块(如 CRM、WMS、TMS、FMS)从 ERP 系统里独立出来,并且在外部化赋能的推动下,发生质的改变,即从赋能自身转变为赋能生态圈,从内部化管理驱动转变为外部化赋能驱动,而外部化赋能过程中所形成的能量,又会反过来更好地提升自身的管理体系。

于是,传统的 ERP 系统转变为小核心、大应用、外部化赋能驱动的产业互联网系统,如图 10-6 所示。

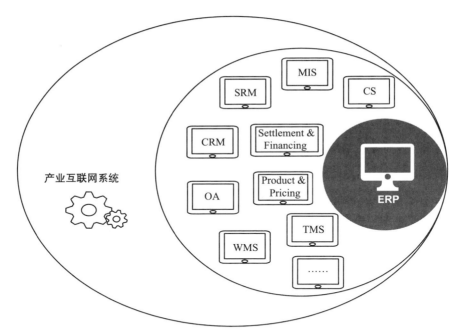

图 10-6　产业互联网系统 vs.ERP 系统

在 ERP 系统为核心的内部化管理体系中,所有的应用管理模块是为自身服务的,而在产业互联网推动下,这些应用管理模块都需要从 ERP 系统中独立出来并重新设计打造,以转变成向产业生态圈合作伙伴输出赋能的赋能系统。对外赋能做好了，对自身的赋能与管理也会自然而然地做好，这是一场通过对外赋能来倒逼自身管理体系的深刻变革。

产业互联网的发展，其实经历了从内部化资源管理向外部化上下游供应链管理，进而到开放的产业链整合升级赋能服务这三个发展阶段。

在这一过程中，核心企业大量的ERP应用管理模块从内部化资源管理与办公自动化开始，发展成为针对外部产业生态圈合作伙伴的赋能管理系统，而且具有鲜明的产业特征与产业专业性。为了能更快地响应生态圈用户的需求，产业互联网系统在客户应用端与内部管理端，越来越多地从桌面办公转向移动办公，其效率与智能化程度也变得越来越高。

由此可见，产业互联网系统不是单纯的科技系统项目，而是管理体系的变革项目，是企业实现产业互联网数字化平台化发展的战略转型项目！

产业互联网系统由多个针对产业生态圈合作伙伴的赋能服务功能所组成，具有鲜明的产业特征与属性。因此产业互联网系统是不会有标准化系统的，它需要结合产业特征、核心企业的资源禀赋，针对多形态赋能对象的多元化赋能需求，做很多个性化、定制化的设计。可以说，每一套产业互联网系统都是核心企业独特商业模型的体现，也是企业实现产业互联网数字化平台化发展的战略变革。

CHAPTER 11
第 11 章

搭建产业互联网 + 供应链金融的产融结合双生态圈系统

11.1 核心企业驱动的双生态圈系统

在产业互联网时代，越来越多的核心企业通过产业互联网搭建自己的产业生态圈，通过多元化赋能体系形成生态圈的黏性，以此来推动产业链的整合升级，而具有产业特征、由金融科技驱动的供应链金融就是其中一项极其重要的赋能服务。对于金融资本市场尚处于逐步开放过程中的发展中国家而言，供应链金融对于核心企业整合供应链上下游乃至整个产业链，形成稳固的、可持续发展的生态圈尤为重要。

在很多金融资源匹配极度不均衡的市场里，越来越多的核心企业已经意识到善用供应链金融给自身与生态圈带来的巨大价值。供应链金融是一个"一石多鸟"的工具，也是获取丰厚金融收益并实现合作共赢的核心工具。

推动供应链金融迅猛发展的市场主体,也从狭义上的核心企业(行业龙头企业)延伸到了越来越多新形态的核心企业身上,例如供应链管理公司、产业互联网平台公司、金融科技公司等。它们从各自的优势领域(物流、信息流或资金流)切入,推动供应链金融的创新与发展,成为新形态的核心企业。

在许多发展中国家,核心企业的自金融现象远较欧美火爆。由于欧美的金融体系已经较为开放与成熟,基础金融服务体系非常完善,合作共赢的理念深入人心,因此核心企业自建金融体系的投入产出比并不高。在发展中国家,由于金融资源存在错配,金融服务实体产业的资源供给能力严重不足,使得大量供应链与产业链上的中小企业的金融需求得不到满足。基于此,核心企业必须借助自身金融资源优势,通过产业互联网与金融科技向这些中小企业提供供应链金融支持,给核心企业在产业收益之外增加一块丰厚的金融收益。更重要的是,它可以成为核心企业推动产业链整合升级、实现外生增长的跨越式发展的强大引擎。

核心企业已越来越重视金融生态圈的搭建,清晰地认识到这一金融生态圈对于推动产业生态圈有着巨大的价值,金融生态圈与产业生态圈之间的融合也变得越来越紧密。真正能够将金融生态圈和产业生态圈融合到一起的主体与驱动者,不是传统金融机构,而是核心企业。

由此,一个核心企业主导的产融结合双生态圈模型日益成熟,如图11-1所示。

核心企业才是产融结合双生态圈体系的驱动者!

图 11-1　产融结合双生态圈模型

在巨大的市场需求、蓬勃发展的产业互联网与金融科技，以及日益开放的金融资本市场的三重助力下，核心企业驱动的供应链金融正在从满足自身供应链上下游合作伙伴的融资需求，进一步向整个产业链输出解决方案（尤其是给同行平行企业），发展成为以供应链金融为核心，具有产业特色的产融结合体系。

除了给核心企业带来丰厚的金融收益，产融结合体系更是核心企业驱动产业链整合升级最有力的武器。金融赋能、产融结合已经成为主流，而且在重构企业的商业模型。可以说，产业互联网时代是核心企业搭建生态圈、驱动产业链整合升级、实现平台化发展模式的最佳时机。

有别于传统供应链金融，产业互联网时代的供应链金融并不只是简单地将线下放款线上化的办公自动化，而是在核心企业交易场景产业互联网化的基础上，将金融机构的供应链金融系统与企业的产业互联网场景交易系统做场景内嵌、数据共享的深度融合，从而实现全新的风控模型与产品方案、端到端互联网自动化的高效率，以及具有金融资源整合能力的开放的金融生态圈体系。它不仅需要金融机构对整个贸易交易做端到端的全生命周期管理以及实现在线放款，还需要涵盖账户管理、风险审批与授信、额度控制、支付管理、还款对账等所有金融交易过程的互联网化。

因此，核心企业既需要搭建产业互联网场景交易与赋能系统，也需要搭建涵盖生态圈里所有交易对手与交易场景金融解决方案的开放的供应链金融生态圈系统。同时，也需要对接合作金融机构内部的各个金融产品应用管理系统，借助核心企业的供应链管理能力，帮助合作金融机构做好各项贷前、贷中、贷后的线上化实时处理工作，从而实现产业+金融互联网化自动化的运营操作管理模式，形成产业生态圈+金融生态圈都全面开放的产融结合双生态圈系统。

11.2 三大鲜明特征

11.2.1 以产为先、以融为辅

产业是根本，没有产业支撑，金融就是"无源之水""无根之木"。

核心企业驱动金融赋能的主要目的是服务自身的供应链与产业链，以此提升自身的整体竞争力。如果金融偏离了服务产业的轨道，就一定会舍本逐末，导致过度金融化与实业空心化。

产融结合是一把"双刃剑"，金融在助力核心企业快速发展的同时也蕴含着巨大的风险：金融业是高杠杆行业，在快速扩大规模与收益的同时也放大了风险。因此这一产融结合双生态圈系统必须以产业发展为核心，金融赋能要为产业发展的整体战略服务，不可以本末倒置。

通用电气（GE）的金融业务最早服务于 GE 自身的制造业，但后来发展成为庞大的金融集团，在韦尔奇时代甚至一度"喧宾夺主"。2008 年以前，GE 运用较高杠杆，实现了收入和利润的快速扩张，GE 金融资产的规模一度高达 6610 亿美元。⊖金融危机后，GE 以低成本、高杠杆为基础的金融资本扩张遭遇"滑铁卢"。可以说，对于 GE 而言，产融结合"成亦杠杆，败亦杠杆"。这对于热衷于进军金融业的制造企业来说，实为殷鉴。韦尔奇时代，正值金融业高歌猛进、并购高潮迭起之时，GE 的金融板块也开始迅猛扩张，产融结合模式风行一时，GE 集团内金融业的风头甚至盖过了传统制造业。伊梅尔特接任后，逐步矫正韦尔奇时代"重金轻实"的战略，尤其在 2008 年金融危机后，逐步缩减金融业务的占比，力推"工业互联网战略"（这是产业互联网的雏形，是产业互联网十大赋能体系中的加工制造赋能），把传统的制造业优势与信息技术融为一体。需要特别指出的是，GE 剥离金融业务，并非"由产而融"的产融结合模

⊖ 资料来源："We are GE"，2008 Annual Report.

式的终结，而是对过往"重金轻实"战略的矫正，更是应对产业发展趋势的重生。

其实发展中国家很多行业龙头企业进入金融领域进行产融结合早已蓬勃兴起；这些行业龙头企业不仅自己搭建各种多元化的金融平台，有些甚至直接参股或控股商业银行。

然而，企业进入金融领域，是否真的与其产业链的发展形成合力，实现真正意义上的产融结合了呢？

以海尔集团为例，它早期的金融布局并不成功。无论是它参股或控股的青岛银行、长江证券还是纽约人寿，都没有和海尔的主业形成产融结合的战略协同效应，而更多地只是一种财务投资。我在一次给青岛银行高层的培训中问及他们与海尔的合作，答案是，虽然他们很想做海尔的业务，但海尔并没有把金融业务交给青岛银行，而是给了其他规模更大的银行。青岛银行当时的体制、规模与文化，也并不能满足海尔在金融方面的体量与效率要求，并且与海尔自己的财务公司有很多功能上的重叠甚至竞争。

由此可见，产融结合并非 1+1=2（产业平台 + 金融平台）这么简单，形成协同效应、形成合力才是关键。过度金融化导致产业荒废更是本末倒置。高金融杠杆带来的巨大风险是绝大多数企业难以驾驭的，即使是规模过千亿的大型龙头企业，在经济下行时期因高杠杆而暴雷甚至破产清偿的案例也不胜枚举。

因此，产融结合必须以产为先、以融为辅。这一产融结合双生态圈系统的搭建，也必须以产业互联网场景交易赋能系统为主导，供应链金融生态圈系统需要内嵌到产业互联网系统中，借助核心企业通过产业互联网系统所搭建的供应链管理体系与交易数据，形成全新的场景金融解决方案，并通过开放的多元化募资体系，实现金融资源的开放整合。

11.2.2 场景金融解决方案与风控体系

供应链金融生态圈系统中的金融解决方案并不是传统金融机构现有的基础贸易融资产品（如订单融资、发票融资、货押融资等），而是整合各个参与融资的金融机构的金融产品与资源，并结合产业互联网的实际应用场景而设计的场景金融解决方案。这些场景金融解决方案通常会包含非常多颗粒度非常细的方案。例如：

核心企业：

（1）延期付款解决方案（代付、票据）。

（2）提早收款解决方案（即应收账款融资，包括有追索、无追索）。

平行企业：

（1）延期付款解决方案（代付、票据）。

（2）提早收款解决方案（即应收账款融资，包括有追索、无追索）。

（3）存货质押融资解决方案（有承购、无承购）。

供应商：

（1）早收货款融资解决方案（即销售订单融资，包括发货前、发货后模式）。

（2）预付货款融资解决方案。

（3）存货质押融资解决方案（有承购、无承购）。

经销商：

（1）采购代付融资解决方案（即采购订单融资，包括发货前、发货后模式）。

（2）早收货款融资解决方案。

（3）存货质押融资解决方案（有承购、无承购）。

最终用户：

（1）电子钱包支付。

（2）消费白条。

（3）生态圈资管理财。

……

在产业互联网供应链金融体系中，同样是订单融资，不同交易对手在不同应用场景下提出的融资申请，其对应的金融解决方案是不同的：经销商提出的采购订单融资申请与供应商提出的销售订单融资申请，虽然底层产品都是订单融资，但方案中所需要涵盖的风控模式、风险资金的来源与募资模式、流程管理模式、资金的闭环控制模式、利益分配机制等都有很大的差异，因此需要根据实际应用场景的需要，调动相应的底层产品与金融资源进行对接与匹配，从而能够实时地在线输出相应的金融解决方案，满足应用场景下用户的金融需求。

这些场景金融解决方案会随着产业互联网系统中交易流程的发展而被相应地调用，从而做到场景内嵌融合与实时在线响应，而一旦被调用，其相应的交易流程，募资体系，法律文档与贷前、贷中、贷后管理都会被启动。

供应链金融生态圈系统就好像是核心企业的金融产品专家，帮助核心企业通过整合金融资本市场里多元化的金融资源来架构相应的场景金融解决方案，以满足核心企业产业互联网生态圈里各个交易对手的金融需求。它需要核心企业与金融机构都具有开放整合的生态圈思维，懂得通过资源整合满足客户需求，而不是仅仅依赖自身的金融资源。

同时，这些场景金融解决方案中的风控管理体系也并不仅仅是某个金融机构自己内部的风控管理体系，而是为核心企业设计的针对其产业互联网生态圈交易对手的风控管理体系，需要站在核心企业的视角上来设计的风控管理体系。它就好像是核心企业的风控官，融资服务的对象主要是生态圈里形态多样的上下游企业与同行平行企业。它既需要充分利用核心企业在产业链里的信用与风控能力，也需要充分利用金融资本市场里各个金融机构的资源,并通过数据共享、风险共担的方式引入这些金融机构的风险资金,从而形成多元化募资渠道。

因此,该风控管理体系具有以下三个特征:

(1)以核心企业为主导的风控管理体系。该风控管理体系的设计需要在合作金融机构现有风控管理体系的基础上,充分发挥核心企业在产业互联网生态圈里的作用与价值(即信用价值转移体系的作用,如信息数据真实性的确认、资金的闭环控制、生态圈的强势控制力、控货与承购变现力、劣后资金等),并在此基础上加入合作金融机构的风控手段(如大数据风控、行业打分卡、银行信用评级、央行征信等)为辅助,这样的风控管理体系就更加完善与充分了。

(2)以供应链金融为核心特征的风控管理体系。这一风控管理体系需要结合供应链管理的特征,以及核心企业对整个供应链乃至产业链的强势控制力,实现信息流、物流与资金流的闭环控制。因此,合作金融机构(包括核心企业自金融平台)不能脱离场景以静态单源的数据(如财务报表)来控制风险,而是需要对产业互联网交易全程参与,这样才能充分把控交易过程中的欺诈风险与履约风险,并且借助核心企业的信用价值转移体系,从而更好地把控产业互联网生态圈里数量众多、形态各异的交易对手的信用风险。合作金融机构如果能帮助核心企业设计具有其产业特征的打分卡体系(即有行业参考值与量化标准),以此把核心企业对供应链的管理能力量化与金融化,实现信用评分机制的构建,对引入金融资本市场多元化金融机构的参与无疑有很大的辅助作用。

(3)资源整合的风控管理体系。供应链金融是一个开放的生态圈金融,核心企业获取金融资源的方式也是多元化的,因此这也是一个资源整合的风控管理体系,需要采用多种风险缓释机制与风险转移机制,引入多元化的金融机构,共同参与融资。

一个典型的例子就是,核心企业的自金融平台作为金融生态圈的搭建者与驱动者，通过风险参贷形式引入其他金融机构共同参与融资。在这一交易结构中，核心企业的自金融平台可以承担上下游交易对手的欺诈风险与履约风险；在信用风险方面，根据参与融资的金融机构的风险承受力，可以采取多种风险参贷的形式引入多家金融机构的风险资金。通过资源整合，引入多元化的金融机构与多元化的风险资金，对于搭建产业互联网金融生态圈意义重大。因此，风控管理体系不能以单一金融机构的风控需求来设计，而是要采用开放整合的方式，使得整个风控管理体系变得更加全面、完善与多元化。

概括而言，该风控管理体系是可量身定制的开放式风控管理体系：它由核心企业与合作金融机构（包括核心企业的自金融平台）来定义和主导，与参与融资的金融机构共享数据与风控管理体系；它也需要与资管募资系统对接，引入资产分销体系与分级风险资金，从而采用更多的风险缓释机制与风险转移机制，实现相互赋能与增信。

在这一风控管理体系中，有以下两个重要的风控工具需要特别强调：

（1）大数据风控体系。金融机构如果有一个大数据管理与分析系统，能够结合产业特征以及特定的产业互联网交易场景做综合分析，从而对风险做出专业性的判断，甚至提供风险预审与在线风险警示功能，则无疑对核心企业与金融机构管理风险，并且通过金融资本市场募集更多元化的风险资金帮助巨大。这一辅助风控体系不仅可以用在打分卡等风险量化工具上，量化后的数值对于整个贷前、贷中、贷后管理中的风险预审、风险量化和风险预警也有较大的参考价值。

（2）行业打分卡体系。虽然核心企业对产业具有较强的熟悉度与专业性，对上下游企业也具有一定程度的强势控制力以及在货押融资领域的控货变现能力，但将这些优势量化，从而被金融机构或信用评级机构所接受，是极其重要的。这也是考验金融机构是否具有产业专业性，是否能成为真正意义上的产业特色银行的关键。当然，行业评分卡体系的设计与完善需要行业大数据的沉淀以及行业成功案例的累积，非一日之功。

11.2.3 生态圈具有开放性

在产融结合双生态圈系统里，我们尤其需要强调生态开放、资源整合的重要性：这不仅因为核心企业的产业互联网场景交易与赋能系统是开放的生态系统，还因为供应链金融系统同样需要是开放的金融生态系统。只有这样，核心企业才能突破单一金融机构在风控、资金、规模等领域的局限性，通过整合外部多元化金融资源，更好地满足核心企业产业生态圈的金融需求。

同样地，金融机构也需要具有开放的生态圈思维，借助自身对金融资本市场资源整合的专业性，与核心企业一起共同整合金融资本市场里的资源，共同搭建开放的产融结合双生态圈体系。这就使得金融机构需要摒弃以自身利益为上的甲方思维与零和博弈思维，将自己的供应链金融系统从简单封闭的融资放款系统，转变成为开放的、完善的、整合内外部资源的产业互联网供应链金融生态圈系统。它需要：

（1）对接产业生态圈中各个用户及其在各种具体交易场景里的金融需求。

（2）开放地整合内外部各个金融方案提供商。它们既可以是银行，也可以是第三方支付公司、保理公司、融资租赁公司、财务公司、信托、基金、券商、资管等多元化非银行金融业态。

（3）开放地整合内外部更多元化的风险资金来源：不仅是各种金融机构的资金，也可以是核心企业自己的资金或者核心企业生态圈里的资金；既可以是信贷类的资金，也可以是投资理财类的资金，甚至可以是各种类型的产业基金等。

因此，核心企业与金融机构都需要以开放的金融生态圈思维来整合资源、设计方案，共同搭建与核心企业产业生态圈高度融合开放的产融结合双生态圈服务系统，实现共建共生、合作共赢的可持续发展的生态圈。

11.3 三个层次的产业互联网供应链金融生态圈体系

产业互联网时代的供应链金融是一个开放的金融生态圈体系，这也就意味着，传统金融机构首先需要站在金融生态圈搭建者的角度来整合资源、架构方案；其次才是确认自己在该金融生态圈里所扮演的单个或多个具体的角色，例如放贷款做资产的角色，现金管理与账户托管的角色，资产管理与资产分销、资金募集的角色，出资机构的角色等，如图 11-2 所示。

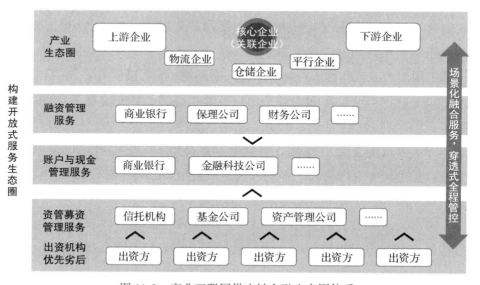

图 11-2　产业互联网供应链金融生态圈体系

从资源要素上讲，金融机构既可以是贷款机构，也可以是支付结算与现金管理机构，或是资产管理与募资机构，或是资金来源机构，当然也可以成为4位1体的全方位服务提供方（这取决于金融机构是否能全方位地满足客户的需求）。

概括而言，供应链金融作为开放的金融生态圈体系，包含从做资产、管资产到卖资产三个层次的系统。它的前端需要与产业互联网的交易场景紧密融合，实现产融结合；后端需要对接多元化的金融机构与境内外金融资本市场，实现多元化的募资体系；中端则需要整合各领域的金融资源与科技资源，架构丰富完善的金融解决方案，并实现流程再造与功能完善。

11.3.1 做资产系统

资产系统并不仅是在线融资放款管理系统，而是需要与核心企业的产业互联网赋能管理系统深度融合，只有这样，才能实现从下订单，到发货、收货确认、付款或融资、还款对账等全过程的在线可视化管理，并且通过同一个流程管理状态栏端到端地展现出来。换言之，供应链金融的交易流程需要以场景内嵌的方式完全融合到核心企业产业互联网交易体系内，并共享数据，以此摒弃传统金融机构的供应链金融系统在做资产层面普遍存在的两大根本性问题：

（1）脱离场景独立运营，导致无法及时审核贸易背景的真实性，无法实现对交易需求的实时在线响应与基于交易大数据的动态风险把控。

（2）简单的在线放款功能，导致对于贸易背景真实性审核、信用额度设置与风险控制、交易的全程响应与监控，以及还款对账等环节都依然依赖于线下操作和线下审批，并存在很多盲点。

场景内嵌融合，不仅对贸易真实性的审核以及交易需求的实时在线响应非常重要，对于基于大数据的动态风险把控同样具有非常重要的意义。在场景内嵌融合的模式下，由于金融机构可以与核心企业共享实时的交易数据，金融机构可以动态实时地分析交易对手的业务与财务数据，并通过供应链的延伸与资金的闭环控制手段，随时调整风险敞口，用以匹配交易对手不断变化的贸易规模与贸易周期。同时，对于交易对手出现的异常交易状况，例如一笔不同寻常的大额融资申请、账户的突然冻结或变更、销售额连续数月的大幅下跌等，都能做出实时的预警提示。

11.3.2　管资产系统

管资产并不是狭义的信贷资产管理概念，而是具有提供供应链金融资产管理过程中所需要的账户托管、资金闭环控制、支付结算与清算、还款对账等一系列的现金管理与账户托管功能。

这个部分由于需要使用大量商业银行体系内的基础设施，加上各种监管的限制，目前基本上离不开商业银行的支持。虽然商业银行拥有相关的基础设施与功能，以及得天独厚的牌照优势、规模基础和科技积淀，但很多商业银行在这个领域并没有做好，尤其在跨银行交易领域。由于传统商业银行通常是相对封闭的体系，而不像互联网公司那样拥有与生俱来的开放基因，因此传统商业银行在跨银行交易领域所体现出来的局限性也往往是非常明显的。

在该领域，金融机构不仅需要建立一整套在线电子钱包虚拟账户体系，更需要把自己变成一个开放的平台，与其他金融机构实现系统对接，从而通过绑定其他银行的实体账户，实现跨银行账户监管、交易明细的获取与分析以及到期的跨行扣款，也就是我们常说的跨银行交易叠加模式。

11.3.3　卖资产系统

这是指金融机构（包括核心企业的自金融平台）以委托贷款、联合放款、风险参贷、资管计划、信托计划、资产证券化等多种形式，帮助核心企业搭建多元化募资渠道，共享收益。

通过这一多元化募资体系逐步取代传统的银行信贷模式，可以规避银行信贷所带来的各种条款的限制，以及在经济下行周期可能要面对的银行抽贷所带来的系统性风险。除此之外，从核心企业的产业互联网生态圈里募集资金（包括核心企业自己的资金），也就是我们通常所说的生态圈资金，不仅是为了获得多渠道、多元化的资金，更是为了增强核心企业与生态圈参与者（如上下游企业、高级管理层、政府产业基金等）之间的黏性，从而能够腾出更多的银行授信额度，用于其他相关领域。

对于金融机构而言，开放的募资体系不仅可以扩大金融机构自身在供应链金融风险资产上的承受力，调整资产负债表，更可以加速资产的周转，从而实现风险资产回报率最大化。这不仅需要互联网募资系统，更需要金融机构具有投行思维与风险资产结构化的能力。

由于供应链金融资产的特殊性，它并不适合通过传统的在线理财渠道向普通消费者募集资金，而应该以联合贷（包括核心企业的自金融平台）、风险参贷、资管计划、资产证券化的方式，通过专业的互联网供应链金融资产风险参贷与资产分销系统，向具有一定复杂程度的、能够承受这类风险资产的专业金融机构或投资机构来募集资金，并向那些风险资金提供方提供交易大数据，协助这些风险资金提供方穿透整个资产交易结构。并且，如果有必要，还需要做一定比例的优先、夹层和劣后的风险资产管理结构化设计，或者引入第三方征信机构或信用保险机构做增信。

11.4 三大核心价值体系

由于绝大多数传统金融机构的供应链金融系统都不是开放的生态圈

系统，因此无论其技术有多先进、基础产品有多丰富、资金成本有多便宜，都无法完全满足产业互联网生态圈交易对手的多元化金融需求。

因此，产业互联网时代的供应链金融系统需要摒弃传统封闭的融资放款系统模式，搭建以核心企业为中心的生态开放、资源整合的金融生态圈系统，并与核心企业的产业互联网系统进行紧密融合，实现产融结合的双生态圈体系。

概括而言，这一产融结合双生态圈体系的核心价值体现在以下三个方面。

11.4.1 以核心企业为中心

产业互联网是核心企业驱动的生态圈体系，它与供应链金融融合在一起，形成产业+金融的产融结合双生态圈体系。产融结合的本质在于金融是为产业服务的，因此，供应链金融系统必须以核心企业的产业赋能需求为中心来设计。它以场景内嵌的方式与核心企业的产业互联网交易系统紧密融合，以开放生态圈的形式帮助核心企业共同整合金融资本市场的多元化金融资源。

在这一过程中，金融机构只有摆脱甲方思维与零和博弈思维，时刻将客户价值放在首位，从赚客户的钱变成帮客户赚钱，才能真正借助核心企业的力量、突破自身的局限、满足产业互联网生态圈用户的多元化金融需求，才能够真正与核心企业协同共建生态圈，实现产业带动金融、金融促进产业的良性循环，共同推动产融结合生态圈的健康发展。

11.4.2 掌握产业特征

产业互联网是具有鲜明产业特征的生态圈体系，它具有非常强的产业专业性以及非常多的个性化需求，市场上并没有一套标准化的云平台系统可以满足所有产业的交易场景需求。从商流上讲，由于产业的不同与生态圈交易对手的不同，仅一个订单系统就可能有十多种差异较大的订单流模型，而每一种订单流模型背后，都是一种完全不同的商业模型与竞争力的体现。而且，即使是同一种订单流模型，也会因为货物的交付验收方式、支付结算方式、仓储物流方式以及客户服务模式的不同而出现流程上的差异。同时，核心企业内部 ERP 系统中的应用模块是否完善，是否需要在产业互联网系统中重构相应的应用模块（如 CRM、SRM、LMS、WMS、TMS 等），哪些需要重构、哪些可以利用，彼此间是否需要对接同步等，都会导致产业互联网系统设计上的差异。

传统金融机构是否对核心企业所在的产业有充分的认知和专业性，是否具有产业专业性的风控能力与资源整合能力，将决定其在产业互联网供应链金融体系内是否能扮演从融资放款机构到账户托管与现金管理机构、资管募资机构、出资机构的多种角色，也决定了其是否能获得更多的风险溢价，是否有机会成为核心企业的核心银行。传统金融机构不仅需要采用更多的具有产业特征的新金融科技与新应用系统（例如基于行业大数据的信用评分打分卡体系），更需要在人员、组织架构、激励机制等方面形成一套具有产业特色的专业管理体系，从而最终成为一家产业特色银行。如果传统金融机构不能满足核心企业对产融结合的要求，就会出现核心企业自金融现象，而这最终会倒逼传统金融机构变革。

11.4.3 以金融科技为工具

日益创新的金融科技是促进以供应链金融为核心的产融结合体系发展的重要基础工具。因此，产融结合双生态圈系统需要在处于底层的金融科技基础设施层搭建具有开放性和延展性的云平台基础架构（如 SaaS、DaaS、PaaS、IaaS），并引入更多具有附加值的金融科技工具与应用模块，例如人工智能与智能响应、大数据信用评分打分卡、风险前置与预授信、在线风险参贷募资管理等。这些金融科技可以帮助核心企业与金融机构不断整合外部金融科技与相关的云平台应用系统，实现对金融科技更为敏捷及时的响应速度，并将其快速应用到产业互联网的交易场景中，使得以供应链金融为核心的产融结合解决方案能时刻保持市场领先度与创新力。

基于上述核心价值理念的产融结合双生态圈系统，才是与核心企业具有相同价值观、可持续发展的系统，才是真正能满足核心企业产业互联网发展需求的产融结合双生态圈系统。

11.5 既是创建全新的商业模型，更是DNA的变革

产融结合，知易行难。

很多行业龙头企业对于供应链金融的价值与应用认知甚浅，很多还依然停留在赊账贸易或流动资金贷款这样的原始金融层面。

2018年，我在给一家大型日化用品上市公司做培训时问起：如果经销商向你们采购货品时缺钱，你是如何帮助他们的？答案居然是放赊账！

这家企业的掌门人显然并不明白这一简单粗暴的赊账模式将会给他的企业运营带来怎样的恶性循环；或者即使明白，他也没有正确的方式方法或能力来解决该问题。

正确的做法是：一方面企业需要坚持要求经销商现款现货；另一方面还要向经销商提供基于企业自身供应链管理体系的信用赋能，让自己的合作金融机构向经销商提供融资！

这就是供应链金融：它不仅保证了核心企业自身健康的财务运营，也帮助经销商解决了融资问题，还可以和金融机构共享融资收益。更重要的是，它进一步加强了与经销商的合作黏性，进一步带动了产业的发

展，从而实现更大的产业收益。

然而这一供应链金融解决方案的落地实施，却需要核心企业做出一系列的变革。

传统企业家对于其所处产业的发展也许了如指掌，但对于金融资本的运作往往知之甚少，甚至只有非常基础的了解。这固然与其所处的时代背景与教育背景有关，但也与传统金融体系的封闭落后有关。

产融结合，并不只是核心企业给其供应商做简单的反向保理融资或票据贴现，或是用自己的小贷公司给经销商做几笔贷款。

随着核心企业在产业链上的纵向与横向延伸，其生态圈的合作伙伴与交易对手也在不断扩大：从供应商到经销商，从一级供应商与经销商到二级、三级供应商与经销商（甚至更多级），从自身供应链上下游交易对手到整个产业链的合作伙伴与交易对手，从参与贸易到提供平台化服务并整合外部增值服务资源（如仓储商、物流商、保险公司等）。供应链金融解决方案也在从应付账款融资延伸到应收账款融资，从发货后融资延伸到发货前融资，从货物在仓融资延伸到货物在途融资等各种交易场景。这就使得核心企业在驱动供应链金融赋能时，除了需要有金融产品与风控的设计能力，还需要具有完善的供应链管理体系，因为没有供应链管理就不会有供应链金融，供应链管理才是把控风险并形成信用价值转移体系的基石。

在产融结合的驱动下，企业的财务部正在从满足内部金融、财务需求的成本中心，发展成为驱动产融结合战略发展的盈利中心，其背后是整个 DNA 的变革，并且需要为此做出一系列的顶层设计与战略转型规划。

11.5.1　供应链管理与风控体系的变革

核心企业的供应链管理能力是控制供应链金融风险所必需的，没有供应链管理，就不会有供应链金融。然而绝大多数核心企业对上下游的管理与把控能力仅仅停留在简单的商品买卖或压价层面，其管理体系也大多只是企业的内部化管理体系，而不是对上下游交易对手与合作伙伴的外部化供应链管理体系，更不用说是对整个产业链交易对手与合作伙伴的管理体系了。这就使得核心企业在搭建供应链金融的风控体系之前，一定要先搭建完善的供应链管理体系，方能更好地把控风险，否则就只能做一些诸如供应商反向保理这样基础的供应链金融解决方案。

然而搭建一个完善的供应链管理体系并非一日之功，有多少企业家真正懂得供应链管理体系的搭建呢？

11.5.2　互联网科技与效率的变革

搭建产业互联网场景交易与赋能系统，是实现产融结合的核心基础设施，供应链金融作为其中一个核心赋能将内嵌在产业互联网场景交易系统中，并在此基础上实现数据共享、在线风控、在线交易与在线融资。这需要核心企业有能力搭建一个产业+金融的双生态圈赋能系统，方能整合更多的赋能资源，并形成互联网化的高效运营体系。

产业+金融的双生态圈赋能系统与传统的电商系统或企业内部的ERP管理系统大相径庭，企业家有多少真正懂得搭建这样的双生态圈系统呢？

11.5.3　金融资本运营能力的变革

产融结合不是自融，而是以金融赋能产业链，进而促进核心企业自身在产业链上的整合能力。因此，金融资本的需求是整个产业链交易对手与合作伙伴的金融资本需求，而不是核心企业自身的金融资本需求。这就使得核心企业不能采用依赖自身信用向银行批发贷款再零售给交易对手这样一种简单粗暴、饮鸩止渴式的金融资本运营模式。核心企业需要结合传统金融机构的间接融资模式与金融资本市场的直接融资模式，形成从做资产到管资产再到卖资产的多元化募资渠道与金融资本运营模式，这样才能实现可持续发展。

这就使得企业家以及他们的财务总监需要具备相当强的金融资本运作能力，方能驾驭产融结合所需要的庞大的、持续不断的金融资本资源。企业家与财务总监们已经具备了这样的能力吗？

11.5.4　产业与金融战略协同发展的变革

产融结合的工作该由哪个部门来牵头？财务部、业务部，还是需要两者的协同？金融收益应该作为单独考核的收益，还是应该并入产业收益中，甚至金融收益只是促进产业发展的工具，需要牺牲金融收益来获取更大的产业收益？

产业与金融相辅相成，通过金融赋能既可以获取金融收益，也可以促进产业的规模化发展与产业收益的迅速增长。

然而产融结合也是一把双刃剑，很多企业家在获取丰厚的金融收益的同时忽视了金融赋能与产业发展之间的战略协同性。他们过度地沉浸于金融资本的运作，以至于过度金融化，而忽略了以金融促进产业发展的初心，导致产业空心化。甚至为了实现利益最大化，在产融结合过程中利用金融手段进一步压榨上下游企业，将原本合作共赢的生态圈模型转变成为产业压榨＋金融压榨的双重压榨零和博弈模型。这注定是要失败的，而这样的失败案例在过去十多年的产融结合发展历史上不胜枚举。

如何秉持产融结合的初心，实现产业带动金融、金融促进产业的战略协同？如何以金融赋能为切入点搭建多元化赋能体系，实现更好的数字化平台化发展模式，从而推动整个产业链的整合升级，获取更大的产业收益并成为产业链的整合者与升级的引领者？企业家该如何制定全新的发展战略，并为此在组织架构、激励机制、资源整合、科技系统等方面做怎样的战略规划与顶层设计？

  我们不难发现，上述这些问题既有技术层面，更有战略层面，所有这些问题的背后，其实都是一场战略转型与DNA的变革，是一个全新的产融结合商业模型的诞生过程！是"一把手工程"！

第四部分

产业互联网时代的全球产业链布局与境内外资金联动

这是一个全球化的时代。全球产业链布局与全球金融资源整合的重要性不容忽视,甚至事关企业的成败与生死。很多发展中国家的企业也许在规模上已经接近或超过了国际大企业,然而在全球产业链布局、全球金融资源整合、实现产融结合的领域依然还处于初级阶段,亟待加速国际化发展的步伐,迎头赶上。

CHAPTER 12
第 12 章

全球产业链布局与全球金融资源整合

这是一个全球化的时代。对于企业家而言，全球产业链布局与全球资源整合的重要性不容忽视，甚至事关企业的成败与生死。

全球产业链布局既是为了开拓全球大市场，也是为了整合全球资源，并在这个过程中分散单一国家与市场所带来的集中风险。对于发展中国家而言，全球资源的整合并不只是为了获取原材料资源，更重要的是要获取人才资源、科技资源以及金融资源，这些其实是很多发展中国家在产业升级过程中非常缺乏的资源要素，而通过全球产业链布局实现全球化发展是突破这一短板与挑战的最佳途径。

在所有这些全球资源的整合过程中，金融资本资源的整合尤为重要，因为它是产业升级的核心要素之一。这也是为什么很多企业发展到一定规模之后，由于自己所处的境内金融资本市场无法继续支撑其发展需求，就开始去境外寻求更多的金融资本资源来促进其更健康、更快速地发展。

企业的全球化发展离不开对全球金融资源的充分利用，而对全球金融资源的充分整合会进一步促进企业的全球化发展。

12.1 金融与税收对全球贸易的影响

根据中华人民共和国商务部发布的数据，2015～2018 年，中国进出口总值为 3.6 万亿～4.62 万亿美元；中国的出口额大于进口额，是一个贸易顺差国家。在中国所有的贸易伙伴中，欧盟与美国一直是占据第一与第二位置的中国最大的贸易伙伴（见图 12-1 和图 12-2）。

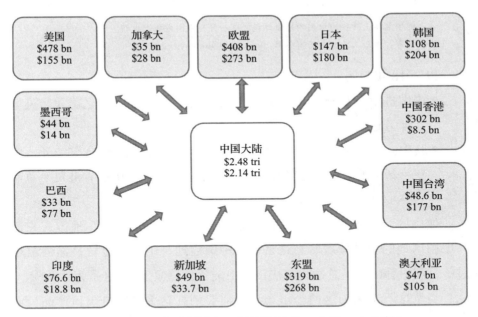

图 12-1　2018 年中国进出口贸易数据（bn: 十亿，tri: 万亿）

注：图中数字上一行为中国出口额，下一行为中国进口额。

资料来源：中华人民共和国商务部，www.mofcom.gov.cn。

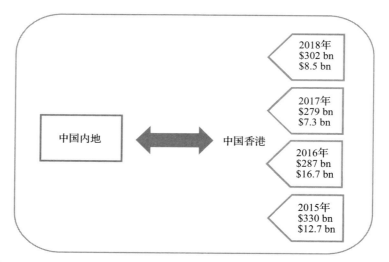

图 12-2　2015～2018 年中国内地与中国香港贸易数据（bn: 十亿，tri 万亿）

注：图中数字上一行为中国内地出口额，下一行为中国内地进口额。

资料来源：中华人民共和国商务部，www.mofcom.gov.cn。

以 2018 年为例：

- 中国进出口总额为 4.62 万亿美元，其中出口 2.48 万亿美元，进口 2.14 万亿美元。
- 其中，中欧贸易总额 6821 亿美元，中美贸易总额 6335 亿美元，中新（新加坡）贸易总额 827 亿美元，中国内地与中国香港贸易总额 3105 亿美元。㊀

你也许会惊讶地发现，中国香港和新加坡这两个"小"地方，它们与中国内地的贸易额居然会这么高：中国内地与中国香港贸易额甚至超过中日和中韩的贸易总额，都快接近中美贸易总额了！㊁这是为什么呢？

当然这不是因为这两个市场自身需要消耗这么多的进出口产品，而

㊀　资料来源：《中国统计年鉴 2019》中表 11-5 我国同各国（地区）海关货物进出口总额（2018），国家统计局。

㊁　上述现象并不只是针对 2018 年，而是在过去十多年都普遍存在。

是因为这些进出口贸易绝大多数都是转口贸易，即中国内地与其他市场的贸易经过中国香港与新加坡这两个地方做转口贸易。

那为什么要经过这两个地方做转口贸易呢？

港口的地理位置和仓储物流等基础设施服务固然是其中一个重要因素，但这一因素已经不再是核心因素，或者说这一因素的同质化竞争非常激烈、可替代性很强。比邻中国香港和新加坡的诸多大型港口城市（如深圳、上海，甚至宁波、海南）都可以提供类似的仓储物流等港口基础设施服务。

真正的核心因素在于中国香港和新加坡的金融资本与税收体系！金融赋能与税收赋能是全球贸易流向的决定性因素之一。

换言之，中国香港与新加坡之所以能吸引如此大规模且源源不断的全球贸易流（尤其是中国内地的进出口贸易），并不只是依靠港口物流这一基础优势，更重要的是它们开放、成熟、完善的国际化金融资本与税收体系。

中国香港和新加坡这两个地区都是以港而立，从一个小渔村发展成为连接东西方的贸易桥梁。它们以国际贸易为核心，以开放、自由的金融资本市场为核心驱动力，发展成为亚洲最重要的国际贸易中心与国际金融资本中心。

它们开放、自由、繁荣的金融资本市场是汇聚全球贸易在此交易的核心动能——全球几乎所有的大型跨国金融机构都在此设有分支机构，金融资源非常丰富。

以新加坡为例。新加坡国土面积只有上海的1/8，人口不到600万，却拥有超过1200家金融机构，包括银行（204家）、保险公司（191家）、基金管理公司（近300家）、信托公司（近100家）、支付公司、投顾公司等。仅以贸易与供应链金融为例，市场上就有300多家活跃的投资机构，涵盖银行、保险、信托、基金、多边金融机构等多种形态，这些机构投资贸易金融资产已有20多年的历史，包括信用证、进出口代付、供应链金融、赊账贸易融资、保函、票据等各种形态的贸易金融资产。㊀

除了丰富的国际金融资源之外，资金与财富进出自由，税务透明且税率低，社会安全、文明发达，吸引着全球优秀人才与富人的加入，从而使得新加坡成为全球财富的汇聚中心与最宜居的城市之一。

中国香港与新加坡有着极其相似的资源禀赋与战略定位，因此两者在很多领域都处于直面竞争，如同是一部"双城记"。然而相比新加坡，中国香港无疑是更加幸运的。中国香港不仅具有与新加坡非常类似的国际金融资源，而且背靠中国内地这一庞大的经济体，其金融资本市场的交易规模和活跃度更高，对中国企业更为熟悉，国际金融资本的赋能能力更强，而这也是吸引中国内地企业与国际贸易伙伴的贸易都通过中国香港做转口贸易的关键。

除了金融资本，吸引巨大的转口贸易流的另一个重要因素是税收。这很容易理解，贸易交易如果发生在合法的低税收国家和地区，无疑可以大幅降低交易成本，也就意味着更强的盈利能力与竞争力。

以中国香港与中国内地的对比为例：一笔进出口贸易，内地除了关税和增值流通税（最高可达17%）之外，还有其他种类的地方税（如印花税、水利税、教育资源税等）；中国香港作为自由港，只有所得税，没有其他流通税，而且中国香港的企业所得税（16.5%）比中国内地的企业所得税（25%）要低很多，个人所得税则更低。㊁

这也就意味着发生在中国香港的贸易交易税收成本比中国内地要低10%～20%。这都直接事关企业的净利润。

新加坡没有中国香港这样背靠中国内地的地缘优势，所以在转口贸易规模上自然无法与中国香港相提并论。然而不甘落后的新加坡，为

㊀ 数据来自新加坡金融管理局：www.mas.gov.sg。
㊁ 资料来源：香港税制，香港特别行政区政府官网；香港税制|投资推广署，investhk.gov.hk。

了能够吸引更多的贸易流,在与中国香港极为类似的税收制度上,进一步推出了一系列有针对性的税收激励政策,如发展与扩展优惠计划(Development and Expansion Incentive,DEI)。知识产权发展优惠计划(IP Development Incentive,IDI)、金融与财资中心(The Finance and Treasury Centre,FTC)等。○

这些税收激励政策大幅降低了所得税,部分激励政策甚至可以把企业所得税降低到仅仅5%,而且政策期限长达20年!对于企业而言,这意味着税后利润相比中国内地可以有20%～30%的增加,其吸引力无疑是巨大的。

对于新加坡政府而言,通过这些有针对性的税收政策可以更有力地吸引它所希望发展的企业与产业进驻新加坡,如鼓励跨国公司在新加坡设立亚太总部,或者在新加坡成立国际贸易总部,并将区域财政金融中心职能移到新加坡,甚至在新加坡成立研发中心。这些政策不仅带动了贸易流的迅速增长,更是带动了相关配套产业的迅猛成长,尤其是金融、科技、企业管理等产业链高端环节,从而进一步加强了其核心竞争力。

在税收激励的基础上,越来越多的跨国企业把新加坡作为亚太地区管理总部、地区财政金融中心、国际贸易中心、全球研发中心等,并将大量利润留存在新加坡。正如新加坡政府所强调的:钱留住了,人才才会留住,社会才会因此而繁荣。

发展中国家的企业家在全球布点扩展的同时,需要在中国香港、新加坡、伦敦、纽约这些国际金融资本市场设立平台公司,借助那里的人文、政治、地理、时差,以及市场的高度关联性,更好地获取国际金融资源与税收优惠,以使企业能够更好地发展壮大,并与世界接轨。

○ 资料来源:https://www.edb.gov.sg/cn/how-we-help/incentives-and-schemes.html。

12.2 两点贸易转变为三点贸易

面对中国香港和新加坡如此丰富的金融资源与税收优惠政策，发展中国家的企业家该如何获取呢？

如果你是一家较为知名的大型企业或是上市公司，你固然可以通过资本项下的常用金融工具（如上市、发债）从中国香港与新加坡的金融资本市场获取金融资源。除此之外，通过进出口贸易来整合全球金融与税收优惠资源的方式则更为普遍，需要企业家对其有充分认知并能够切实掌握。

如果一家中国内地企业有进出口贸易，它可以在中国香港或新加坡这样开放的金融资本市场成立一家国际贸易公司，并通过该国际贸易公司获取中国香港或新加坡金融资本市场上丰富的国际贸易与供应链金融解决方案。这样一种三点模式已经成为中国内地企业迈出国际化第一步的典型模式。

这种将两点贸易转变为三点贸易的模式如图 12-3 所示。

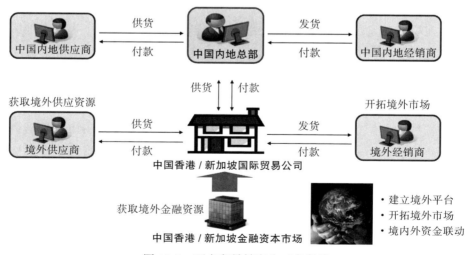

图 12-3　两点贸易转变为三点贸易

毫无疑问，搭建这样一个国际贸易平台并非仅仅为了开拓境外市场、采购境外原材料，这个平台还肩负了很多其他重要使命，例如：

- 成为企业与世界接轨的窗口，树立国际形象。
- 引入国际高端人才，建立现代化的全球化管理体系。
- 整合国际金融资本资源，尤其是低成本的资金与先进的金融资本解决方案，摆脱单一金融资本市场对企业发展的影响。

其中，整合国际金融资本资源尤为关键。金融是企业发展的血液，获取国际金融资本资源是企业布局全球产业链、实现全球化发展的核心动因。

在中国香港或新加坡搭建的国际贸易公司，通过与母国总部之间的进出口贸易，将中国香港或新加坡丰富的金融资本资源引入企业发展的整个供应链中，就可以形成境内外资金联动的模式。

在该模式中，原本母国总部与境外贸易伙伴之间的两点贸易，就转变为了母国总部＋中国香港或新加坡国际贸易公司＋境外贸易伙伴之间的三点贸易。我们举两个例子。

（1）中国从澳大利亚进口采购铁矿石。

- 两点贸易模式：中国内地企业直接下订单给澳大利亚供应商，从境内支付货款给澳大利亚供应商；若需要融资，中国内地企业通过中国内地的金融资本市场来募集资金。
- 三点贸易模式：中国内地企业下订单给中国香港的国际贸易公司，中国香港的国际贸易公司再下订单给澳大利亚供应商；中国内地企业从内地支付货款给中国香港国际贸易公司，中国香港国际贸易公司再从中国香港支付货款给澳大利亚供应商；若需要融资，中国内地企业既可以通过中国内地的金融资本市场来募集资金，也可以通过中国香港的金融资本市场来募集资金。

（2）中国向巴西出口电视机。

- 两点贸易模式：巴西客户直接下订单给中国供应商，巴西客户直接从巴西支付货款到中国；若中国供应商需要融资，则只能通过境内的金融资本市场来募集资金。
- 三点贸易模式：巴西客户下订单给中国香港的国际贸易公司，中国香港的国际贸易公司再下订单给中国内地供应商；巴西客户从巴西支付货款给中国香港国际贸易公司，中国香港国际贸易公司再从中国香港支付货款给中国内地供应商；若中国内地供应商需要融资，它既可以通过中国内地的金融资本市场来募集资金，也可以通过中国香港的金融资本市场来募集资金。

在上述三点贸易模式中，这些原本由母国总部所承担的进出口责任已经转变为由在中国香港或新加坡的国际贸易公司承担了。这并不是简单的职责转移，而是策略性安排，因为设在中国香港或新加坡的国际贸易平台完全可以凭借该贸易流以及贸易流沉淀的资金与利润，借助中国香港或新加坡丰富的国际金融资源与解决方案来获得更丰富、更高效、更低成本的资金。

我们以中国内地一家装备制造领域的行业龙头企业 S 公司为例（见图 12-4）。

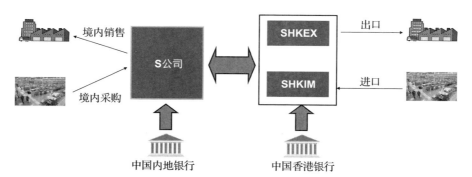

图 12-4　中国内地企业的三点贸易与通过供应链金融实现境内外资金联动

S 公司每年要从德国、法国、日本等国家采购超过 15 亿美元的核心零部件，如奔驰的发动机、日产的底盘等。S 公司虽然是中国的行业龙头企业，销售额近 100 亿美元，但面对掌握核心技术的德国、法国、日本供应商，贸易地位依然处在弱势。

S 公司每年有近 30 亿美元的出口额，其整装设备销往世界 20 多个国家和地区，遍布世界各地。客户既包括当地的经销商，也包括终端用户，其中有不少大型客户有较强的议价能力与贸易地位，所以 S 公司需要向它们提供一定的付款账期。

以往这些进出口贸易都是由 S 公司在中国的总部直接与境外供应商与境外客户做交易（两点贸易）。自 2005 年起，S 公司在中国香港设立了两家国际贸易公司——SHKEX 负责出口、SHKIM 负责进口，并将两点贸易转变为三点贸易。

（1）进口端。
- 商流：S 公司下订单给中国香港国际贸易公司 SHKIM，SHKIM 下订单给德国奔驰采购发动机。
- 物流：货物直接从德国发货到中国上海，无须在中国香港经停，SHKIM 在上海报关交付货物时将提货单背书转让给 S 公司。
- 资金流：S 公司付款给 SHKIM，SHKIM 付款给德国奔驰。

（2）出口端。
- 商流：巴西经销商下订单给中国香港国际贸易公司 SHKEX，SHKEX 下订单给 S 公司。
- 物流：货物直接从中国内地发货到巴西，无须在中国香港经停，SHKEX 在巴西报关交付货物时将提货单背书转让给巴西经销商。
- 资金流：巴西经销商付款给 SHKEX，SHKEX 付款给 S 公司。

在上述例子中，S 公司可以充分借助三点贸易的便利，突破中国内地金融资本市场的局限性，通过其香港的国际贸易公司，在香港金融资本市场获取更为丰富且高效的金融资本资源。

（1）进口端。

S公司通过其中国内地合作银行中国工商银行开立180天美元远期信用证给SHKIM，SHKIM将该信用证在中国香港渣打银行贴现出美元现金，贴现利息仅为年化1.5%（2010年6个月Libor+100bps，而同期中国内地人民币的融资基准利率大约是年化5.5%），SHKIM将贴现后的美元现金在中国香港渣打银行兑换成欧元后支付给德国奔驰，德国奔驰收到货款后发货，45天后货物从德国运达上海港，S公司报关提货，在信用证到期日中国工商银行扣款兑付信用证，交易完成。

在上述模式中，S公司通过信用证贴现的方式，由SHKIM在中国香港的金融机构获取融资（借助S公司在内地中国工商银行的贸易融资授信），相比以往S公司在内地向金融机构贷款，不仅成本大幅降低（与2010年中国内地与中国香港的融资基准利率对比，融资年化成本可以降低4到5个点）。更重要的是，S公司借助远期信用证延长了付款周期，改善了现金流（其本质是将中国工商银行给予S公司的贸易融资授信在中国香港变成了现金流）。

若向境外核心零部件供应商采购都采用这种融资模式，则意味着15亿美元的采购资金可以在S公司中国内地账户上多停留180天。现金流的改善将有助于S公司获取金融机构更多的信用证开证额度，进而形成额度越多、现金流越好的良性循环。

事实上，S公司和其中国香港国际贸易公司之间可以采用的金融工具与融资解决方案非常多，远期信用证在香港做即期贴现只是其中一种常用工具。随着中国香港国际贸易公司的交易规模越来越大，留存的利润越来越多（可以享受更低的税率），中国香港国际贸易公司完全可以不依赖S公司的信用证，而具有独立在香港金融机构获取融资授信的能力，所采用的融资解决方案也会越来越多（例如由中国香港的金融机构提供采购代付融资等）。在这些金融工具与融资授信的基础上，S公司还可以通过中国内地和中国香港、欧洲三地不同的利率与汇率市场环境，采用不同的支付结算货币与跨市避险套利工具，获取更多的金融收益。

（2）出口端。

中国香港金融资本市场上针对出口融资的金融机构与融资解决方案非常丰富，可以很好地解决S公司希望通过提早收款来规避出口业务中所要面对的信用风险与汇率利率风险。常用的解决方案是，由中国香港国际贸易公司将出口的所有应收账款打包卖给中国香港金融资本市场上数量众多的信保商（信用保险公司+保理商）。中国香港金融资本市场上汇聚了全球几乎所有的大型信保商，它们针对各自目标市场有着更为专业的风险管理能力以及对应的融资募资体系，因此S公司可以通过其中国香港国际贸易公司将相应市场的应收账款与买家风险打包卖给熟悉该市场的信保商，从而能够在第一时间收回货款，这样既可满足融资需求，又可满足风控需求。

在上述案例中，S公司通过应收账款出口信保融资的模式，由中国香港国际贸易公司在中国香港金融机构那里获取融资，相比以往S公司在中国内地向金融机构贷款，不仅成本大幅降低（融资年化成本可以降低2到3个点），更重要的是，S公司借助应收账款出口信保融资的模式缩短了收款周期，改善了现金流。

若向境外客户出口设备都采用这种融资模式，则意味着30亿美元的出口应收账款可以在第一时间变为现金，立刻回款到S公司中国内地账户形成现金流，改善财务报表。而财务报表的改善，可以进一步提升S公司的市场信用评级，获取更多金融机构的授信额度，进而形成额度越多、现金流越好的良性循环。

通过上述进出口两端的贸易与供应链金融解决方案，S公司可以突破中国内地单一金融资本市场的局限性，从中国香港金融资本市场获取比中国内地更丰富、更领先的金融资本资源与解决方案，不仅可以募集大量低成本、高效率的资金，还可以形成早收晚付的现金管理周期，大大改善公司的现金流与财务报表，进而获取更多的银行授信与金融资源。

通过早收晚付，S公司可以在境内沉淀大量的现金流。你觉得S公司的财务部该如何善用这些现金流？是存在银行做理财吗？答案当然是否定的。

S公司应该以这些现金流为基础，整合更多的合作金融机构，一起给中国内地数量众多的上游供应商和下游经销商提供供应链金融赋能。这也就意味着S公司把在中国香港金融资本市场上获取的金融资源用在了自己中国内地供应链生态圈的合作伙伴身上，以形成更强的生态圈黏性和多元化盈利模型。

一个境内外资金联动的产融结合体系由此形成。

我们不难发现，境外产业链布局与境内外资金联动模型所带来的巨大收益与效果，能够很好地规避依赖单一金融资本市场所带来的风险与局限。这只是全球供应链产业链布局的第一步，随之而来的是配合企业的全球化战略扩张做更深入的战略安排，包括：

- 将中国香港或新加坡的国际贸易公司升级为国际总部。
- 在中国香港或新加坡设立金融与财税管理中心，统一调度全球金融资源。
- 搭建全球双总部＋产融集团架构，联动境内外产业链与金融链，实现境内外联动＋产融结合的全球化发展模式。

12.3　选择适合自己的银行

很多企业在发展初期对于合作银行的选择往往是随意的、盲目的，选择一家银行，很可能仅仅因为该银行的分支机构就在自己的办公室旁边，或者企业家的个人账户就开在这家银行，或者只是因为这家银行规模大、名气响。这些都是错误的做法。

如果你是一家中小企业，而你选择的银行只擅长做大企业甚至跨国企业的业务，那么你就完全不应该选择它，因为你不是它关注的目标企业，因此达不到它的准入标准，拿不到它的信贷资源。同样地，如果你是一家跨国企业，却选了一家小银行，同样也无法满足你复杂的需求。这就是所谓的"门不当户不对"。

事实上，由于竞争差异化的要求，银行也变得越来越向特色化经营发展。因此我们也会接触到如下的银行分类。

（1）按照目标客户分：
- 擅长做投行业务的投资银行。
- 擅长做零售的个人消费银行。
- 擅长做中小企业的商业银行。
- 擅长做大企业、跨国企业的企业银行。
- 擅长做金融同业业务的同业银行。

（2）按照行业分：
- 对某些行业有特殊了解的银行，如有些银行熟悉大宗商品行业，而有些银行则熟悉农业领域、或新能源领域、或航运领域等。
- 所谓的"全能"银行，即什么行业都做的银行，未必真正懂那些行业。

（3）按照经营区域分：
- 本地银行。
- 地区性跨国银行。
- 全球性跨国银行。

如果你是一家地处北京的中小企业，除了北京别的地方没有分支机构,那么你自然应该首选北京当地的关注中小企业的银行。如果这家银行熟悉你所属的行业,尤其是熟悉你的同行与上下游,那就更能配合你的业务需求了。

越来越多的企业正走向国际化,于是企业接触境外的银行或境内银行在境外分支机构的机会也越来越多。但我明显感受到,传统企业家选择境外银行时的茫然与不知所措。

你固然可以选择花旗、汇丰这样的全球性跨国银行,这样,无论你的业务做到哪里,你都可以在当地找到它们的分支银行。但如果你的规模不大,未必是它们关注的目标客户,你所能获得的资源或许就是有限的,大多数时候它们无法满足你的发展需求。

例如,如果你要去印度发展业务,你就应该寻找一家扎根于印度、在印度有一定规模、具有一定国际化的银行。

事实上,每当发生金融危机时,或者因为受到监管限制而无法扩大资产规模时,银行就会收缩战线,将有限的资源集中到核心客户身上。对于那些外围的、非核心的客户,必然是首先排除的(例如收回贷款、取消信贷支持,甚至关闭账户)。

所以,大银行未必就是适合你的银行,关键在于你的业务特性与分布区域是不是该银行所擅长和关注的,你是否能成为它的目标客户进而成为重要客户,这样才能获得足够的资源。这就是所谓"宁做鸡头不做凤尾"的道理。

我们可以看到,很多发展中国家的大企业都开始既用母国本地银行,也用外资银行。聪明的做法是:在中国境内,你既可以用中国银行,也可以用花旗银行在中国的分行;在境外,你既可以用花旗银行,也可以用中国银行的境外分行。原因是:

- 在中国用花旗银行,可以与它的总部建立联系,让它对你企业的整体发展有更清晰的了解。借助你在中国的规模优势,获得花旗银行更多的总部资源，以便日后分配到其境外的分支机构；通过总部的介绍，你可以顺利地接触到花旗在世界各地的分支机构，并获得当地分支机构的金融支持。

- 在境外用中国银行（如果它在当地有分行的话），是因为它的总部对你已经非常了解，也有很多的资源分配给你，你可以更方便地将这些资源分配到境外去，供你的境外分支机构使用。

这就是我们常说的境内外资金联动模式。

除此之外，我们也要与供应链上下游企业所用的银行合作，这是为了从它们身上获得相应的金融资源。例如：

如果你是戴尔的一个中国供应商，你也许没想过要在与戴尔合作的渣打银行、汇丰银行开户，并获得融资支持（其实是借助戴尔的信用价值转移体系获得的）。在共生共荣、合作共赢的全球供应链、产业链体系里，你需要聪明地借助上下游合作伙伴的资源与优势来为己所用。

当然，与其坐在那里等戴尔的合作银行来找你，你不如主动出击，找这些上下游企业的合作银行，一起探讨供应链金融等方面的合作。

如此一来，你所用的银行就会越来越多，金融资源也会越来越丰富。到了一定阶段，你需要梳理这些银行，看看哪些银行可以成为你的核心银行，从而将你的业务资源集中到它们身上，以便获得更长期的战略合作伙伴式的支持。

企业家不仅要懂得如何选择适合自己企业的银行，更要懂得如何从中选择自己企业的核心银行。

这其实是一门高深的学问，也是一个艰难的抉择。如同银行需要集中资源关注核心客户一样，企业也要集中资源关注自己的核心银行。因为一旦你把资源分散给了很多家银行，你就不可能成为任何一家银行的核心客户，也就不可能获得它们的全力支持。

选择核心银行就如同选择婚姻伴侣，它是一个长久的相互承诺。这意味着这家银行能够给予你最多的资源、最大规模和最长久的支持，它也是最了解你，与你配合最紧密、最默契的银行。同样地，对于你而言，你需要将你的资源与业务尽可能地集中到它身上，从而成为它的大客户、重要客户，从而获得更多的话语权与资源支持（尤其是信贷资源与全球网络的支持）。

很多大企业都会在每年年初向合作银行发出邀约，要求其提供一整年的、承诺性的、可循环的信贷额度支持。如果一家银行给不出这样的额度或者额度很小，那就不可能成为其核心银行。当然，在向银行发出邀约前，企业与这些银行应该有一定时间的合作往来，彼此间有一定程度的了解，就如同结婚前彼此间需要有一定的交往了解一样，当然还有上文提到的彼此间要"门当户对"。这样在决定结婚时才能引起双方"家长"（如高层管理者）的重视，才能给出足够的"彩礼"（如信贷资源）。当然彩礼不是单方面的，作为企业，也需要向银行承诺未来一年内将金融业务向这些银行倾斜，从而使这些银行能够获得足够的收益。

企业彩礼的最重要组成部分，是它的流动资金及由此带来的存款业务、支付结算业务、外汇买卖、利率汇率避险等业务，尤其是存款业务。

存款之于银行的重要性，就如同血液之于人一样。这不仅在于存款是银行贷款的主要资金来源，更在于它是银行长远发展的根本。

事实上，很多国家的监管都将银行的贷款规模与存款规模相挂钩，也就是我们常说的"贷存比"（ADR），通常这个比率都低于100%，即贷存比＝贷款/存款×100%（这里不包括同业金融机构相互拆解的存款与贷款）。以中国内地为例，贷存比是75%。也就是，银行若要向客户发放75元的贷款，就必须有100元的存款。

于是对于很多银行而言，如何能够获得更多的企业存款成为它们的首要任务，也成为其考核管理人员的关键指标。一个具有庞大存款规模的企业，对银行的议价能力往往是巨大的。这就是为什么像苹果、通用电气、沃尔玛这样现金流巨大的企业，会有那么多的银行围绕在它们的周围，即使它们不需要直接融资，银行也愿意给予其巨大的信贷支持，这都是为了获得其巨大的存款资源，这就是银行会"嫌贫爱富"的根本原因。

企业家需要建立高效率的资金管理体系，以便在全球范围内更高效地调动和使用流动资金，以获得最大收益。因此，企业家在构建资金管理方案的时候需要谨慎选择自己的合作银行，因为该方案将汇集企业所有的流动资金，该银行无疑应该就是自己的核心银行，而不是随随便便地找一家银行。

现实情况就是，越是苹果、通用电气、沃尔玛这样现金流巨大、不需要贷款的企业，越能获得银行的信贷资源；越是需要信贷支持的供应链上的其他企业，越难以获得信贷支持。所以，苹果、通用电气、沃尔玛这样的企业应当考虑如何借助自身的资源优势来帮助供应链上下游的合作伙伴，以实现共赢。

如果你有幸能成为苹果、通用电气、沃尔玛这样企业的供应链上的合作伙伴，也应该学会借助它们的资源优势，主动出击，从它们的合作银行那里获取自己所需要的资源。

我们生活在一个现金为王的世界，如何选择最合适自己的银行，并获得长期、足够的信贷资源支持，以更好地满足整个供应链和产业链的需求，是核心企业必须关心且要重视的。企业家要更加了解自己的银行（Know Your Bank，KYB），更加擅于整合全球的金融资源，这样才能使自己在全球化互联网化的浪潮中立于不败之地。

CHAPTER 13
第 13 章

全球双总部模型与境内外联动的产融结合体系

在全球产业链布局与全球金融资本资源的整合运作上,很多企业家还处于一个非常初级的阶段。它们既缺乏足够的国际视野,更缺乏整合全球金融资本资源的能力与思路。在全球产业链布局上,很多发展中国家的企业在境外的公司基本上只是一个空壳公司,其目的仅仅是为了境外过账、避税、转移资金,或者解决企业家子女的境外生活或学习教育问题,绝大多数都没有正规的财务报表,甚至连一个办公室都没有,完全依赖于离岸运作。真正懂得在全球产业链里进行策略性布局,在全球范围内整合金融资源,并与国内供应链形成境内外联动的产融结合体系的企业家少之又少。

13.1　从三点贸易到境内外联动+产融结合的双总部模型

在中国香港、新加坡等发达金融资本市场设立国际贸易公司并搭建三点贸易模式，只是企业家迈向国际化的第一步。在三点贸易的基础上，把中国香港或新加坡的国际贸易公司升级为其国际总部，并在此基础上设立国际金融与财税管理中心，统一调度全球金融资源，最终与国内总部形成境内外联动+产融结合的双总部模型（见图13-1），才是企业实现全球化发展最为关键的核心模型。

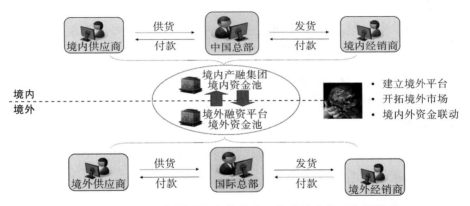

图 13-1　从三点贸易到境内外联动+产融结合的双总部模型

在图13-1里，企业既有中国总部，又在开放的金融资本市场（如中国香港、新加坡）设有国际总部，它们分别面对境内外不同的交易对手与上下游企业，通过彼此间的信贷资源共享以及进出口贸易联动，在境外获取高效率、低成本的资金，用于境内的供应链与产业链，进而形成境内外资金联动的良性循环。

国际总部最初期的职能可以只是一个简单的国际贸易职能的公司，它可以发挥引入国际金融资本的融资功能，然后逐步发展成一个国际金融与财税管理中心。

我们仍然以第 12 章中提到的 S 公司为例。

（1）在出口端：S 公司在中国香港借助应收账款出口信保融资方案，将其境外的应收账款卖给香港的金融机构，这样既可以改善财务报表，又可以获取低成本、高效率的境外资金；它还可以借助中国总部的银行授信资源，通过内保外贷的方式在境外获取贷款，再通过贸易将资金回流到中国境内。

（2）在进口端：S 公司的境外采购也完全可以借助中国总部的银行授信资源，通过中国境内公司向中国香港国际贸易公司开立远期贸易信用证或者以内保外贷的方式，在境外做信用证贴现或融资，以此来支付境外采购所需支付的货款，从而实现境内资金沉淀，境外获取低成本、高效率资金的境内外资金联动模式。

于是，S 公司在境内沉淀的资金会越来越多，而境外所融资金则通过贸易转移到了中国香港。境内沉淀的资金将转换成更多的银行授信资源，借助供应链金融，向其上下游企业提供金融赋能，既可以实现生态圈合作共赢，又可以获取丰厚的金融收益，与产业收益联动，形成境内外联动的产融结合模型。

在国际贸易公司现有职能的基础上增加国际金融与财税管理职能，再加上境外企业投资中心、管理中心、国际人才管理中心、国际研发中心等职能，一个国际总部就形成了，与母国总部形成良性互动的双总部格局也由此落地。

当然，当发展到一定成熟阶段，企业家也完全可以借助国际金融资本，由国际总部反向收购其母国的业务，从而实现向跨国企业的转变。这是化蝶式的蜕变。

其实已经有不少大型企业集团在朝着这个方向发展。

中国宝钢集团（简称"宝钢"）就是一个具有代表性的例子：

2010年12月21日,在国际金融中心中国香港,宝钢资源(国际)有限公司(简称"宝钢国际")正式揭牌成立。这是宝钢构建境外资源保障体系、实施国际化经营的重大步骤。

宝钢国际的前身是宝钢在中国香港成立的贸易公司——宝钢贸易有限公司。成立之初的目标很简单,就是为其中国内地的工厂进口矿产原料,将境内生产的钢材成品出口到境外。紧随其后的工作重点是借助贸易流在中国香港融资,获取境外低成本、高效率的金融资源。这是宝钢国际化布局的第一步。

毫无疑问,国际化发展对宝钢这样的大型集团来说意义重大,不仅在于获取全球原材料与市场,更重要的是获取全球金融资源与人才资源,宝钢从而走上了一条健康、快速的产业化发展之路。

当日的揭牌仪式可谓盛况空前。除了两地政府、宝钢的合作企业外,更是吸引了全香港各大主要银行的高层参与,由此可见其对国际金融资源的重视。

宝钢董事长徐乐江在宝钢国际成立揭牌仪式上明确提出:这是宝钢国际化经营的征途中迈出的具有里程碑意义的一步,也是宝钢进一步加大境外资源开发力度,加强境外寻源力量,加快构建钢铁原燃料资源保障体系和推进国际化经营的重要战略举措。宝钢将资源产业境外总部设在中国香港,是为了更好地利用中国香港的区域优势,快速响应境外市场,同时吸引国际化人才。他希望宝钢资源⊖能站在新的起点上,挖掘并利用好境内外两个市场,在境外投资、资本运作方面取得突破。同时,建立起更加完善的境外资源供应商体系,形成集中统一的物流航运服务

⊖ 宝钢资源有限公司(简称"宝钢资源"),成立于2006年7月21日,是中国宝钢集团全资子公司,主要从事矿产资源的投资、贸易及物流服务,倾力打造面向钢铁及其他工业领域的资源投资与贸易,以及综合物流服务平台。2010年12月21日,宝钢资源(国际)有限公司在中国香港成立,标志着宝钢资源上海、中国香港双总部模式正式启动运营。

平台，培养并提升国际航运业务的操作能力，早日成为世界一流的矿产资源供应商。

宝钢国际成立后，宝钢资源实行双总部制运作，境内总部以现在的宝钢资源为平台，主要面向境内市场的贸易及资源开发；境外总部以设在中国香港的宝钢国际为平台，主要面向国际市场的贸易及资源开发，进一步拓展资源开发、贸易经营和航运物流三大业务空间。宝钢国际的成立，是宝钢资源面向未来、走向国际化的新起点。

像宝钢这样的双总部模型是企业国际化发展、全球产业链布局的代表模型。

在该双总部模型中，设立国际金融与财税管理中心，形成境内外联动＋产融结合的解决方案，才是关键一步。这一国际金融与财税管理中心通常包含融资与资金管理、财税管理两个职能。

（1）融资与资金管理：

- 境外授信：需要考虑的要素包括币种、合作银行、信用结构。
- 境外融资产品的选择：需要考虑的要素包括流贷、银团、贸易与供应链金融、多边机构融资、发债。
- 低成本融资的关键动作：需要考虑的要素包括信用评级与增信、利率与汇率、与金融机构的谈判。
- 资金收付、安全与效率管理：需要考虑的要素包括收支两条线、资金归集与可视化、人民币与外币资金池、汇兑管制。

以境内外两个资金池的联动为例（见图13-2）：

- 如何管理境外各个国家和地区的账户运营与资金，使本地化运营与集中化管理得到兼顾与平衡，从而既能确保本地化运营的便利性，又能确保资金集中化管理的高效率、高收益与安全性？
- 境外的资金池如何与境内的资金池实现内外联动？

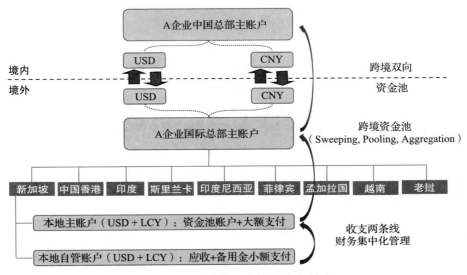

图 13-2 境内外两个资金池的联动

注：USD = 美元；CNY = 人民币；LCY = 当地货币。

（2）财税管理：

- 财务合规、核算与外部报表：包括法律法规的合规，关注审计报表与关键指标。
- 汇率风险管理：包括自然对冲、衍生品套期保值、即期/远期/期权等结构性产品。
- 利率风险管理：包括利率掉期与结构性掉期、利率互换与汇率互换。
- 税率管理与税收筹划：包括投资架构设计、GTP/RHQ/FTC 等税收优惠政策的筹划。

以境外投资的财税管理为例（见图 13-3）。以中国内地总部为投资主体，还是以位于中国香港或新加坡的国际总部为投资主体，来投资境外各个国家和地区的子公司实体企业？如何避免境外子公司的利润汇回时可能产生的双重征税？

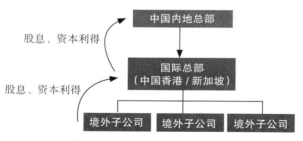

图 13-3　境外投资的财税管理

如此一来，新加坡在该领域的优势也许就会凸显出来了，所以需要企业家做出相应的安排，例如：

- 以较为节税的交易安排获取利益。
- 避免境外子公司的利润汇回时产生双重征税。
- 股息免税或税收抵免。
- 股权转让的资本利得免税（需满足交易实质或"安全港规则"）。
- 分派的股息无须计提预扣税。
- 在新加坡设立控股公司有大量、长期的有益经验积累。
- 不受资本弱化条款限制。
- 有广泛的税收协定网络：税收协定能够减少分派股息、利息和特许权使用费的预扣税，不受外汇管制限制。

13.2　从传统财务部到产融集团

在三流合一的产业互联网时代，供应链管理与生态圈赋能的核心已经从传统物流领域转移到信息流与资金流领域。企业的财务部正在扮演越来越重要的战略性角色，因为资金流是企业发展的血液，金融供应链对整个供应链的发展起着决定性的作用。

尽管如此，在企业日常的营运中我们仍然会看到这样的挑战：财务部与采购部、销售部之间的沟通和协调是非常薄弱的,更谈不上在财务部的主导下将先进的金融解决方案应用到企业的整个供应链管理与生态圈赋能中。

一个常见的例子:采购部总是希望能有更多的采购资金以及更及时的付款方式,销售部希望向经销商提供更长的付款期限并能降低收款风险,而财务部则希望更晚付款、更早收款。而一旦资金紧张,传统的财务经理最常采用的方式就是向银行借钱。如此形成的是一个支离破碎、各自为政的供应链管理体系,导致极低的效率、极高的成本与恶化的财务报表。

随着企业的发展壮大以及向国际化、全球化发展,财务部所要面对的是整个集团的全球金融资源的整合与管理,以及为全球供应链与产业链的发展提供金融赋能解决方案。其复杂程度不亚于一家金融机构的操作,而且是一家具有产业专业性的金融机构,并且要与企业的产业发展相互融合与促进,最终形成产融集团。

可以说,在产业互联网时代,企业的财务部的职能早已超出其原有的会计做账以及向银行借钱这样的初级范围,越来越成为企业长期发展的战略中心与盈利中心,企业财务部是驱动企业战略发展的核心部门,它需要为实现企业的战略目标来调度、输送、管理整个企业发展所必不可少的弹药:金融资本资源。

企业财务部的功能正在从传统的内部支持部门与成本中心,发展成为具有专业的产业金融赋能能力的产融集团,它先后经历了四个阶段,如图13-4所示。

第一阶段,成立集团资金总部:负责集团资金的计划、调动、政策制定、监控等。

第二阶段,成立财务共享中心:将整个集团的所有分支机构、关联公司的财务管理与金融交易做集中化处理。

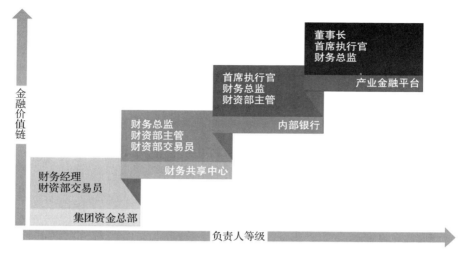

图 13-4　企业财务部的四个发展阶段

第三阶段，成立内部银行（如财务公司）：将整个集团的资金做集中化管理，包括资金的避险、融资、现金流管理等，同时发挥集团与全球金融市场和供应链上下游的投融资往来的窗口与枢纽作用。

第四阶段，成立产业金融平台：以具有产业特色的专业金融机构的形态，整合境内外金融资本市场上的金融资源，向集团的目标供应链与产业链生态圈提供金融赋能。

第四阶段成立的产业金融平台需要面对三个对象——金融市场、集团公司、供应链与产业链生态圈里的合作伙伴，也由此承担三项职责（见图 13-5）：

（1）从全球金融资本市场获取金融资源。

（2）将各个分支机构、子公司、关联公司的交易及资金做集中化管理。

（3）向集团的目标供应链与产业链生态圈合作伙伴提供金融赋能。

由此可见，这是企业财务功能的一个巨大升级，主要体现在以下 3 个方面：

（1）它其实是一个专职服务自己集团以及目标供应链与产业链生态圈的专业化的金融机构。

（2）它可以以专业金融机构的形式直接参与金融市场交易，从全球金融市场获取各种资金资源与金融工具。

（3）它的主要职责不仅是为企业集团内部服务，更重要的是在服务好内部需求的基础上，向集团的目标供应链与产业链生态圈提供具有产业特征的专业金融赋能体系。

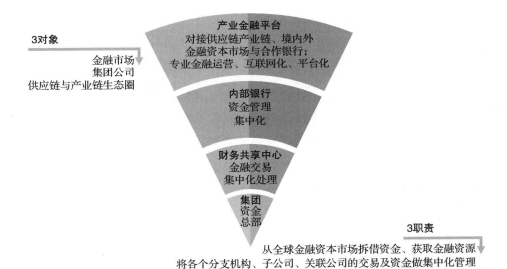

图 13-5　三个对象和三项职责

产业金融平台对于信用评级高、拥有众多分支机构与关联公司，以及供应链遍布全球的大型集团公司而言，是一个重要的发展方向以及全新的管理形态。与其依赖外部的商业银行提供金融方案，不如成立自己的金融平台（如财务公司、资管公司、基金等），这样可以为集团的发展提供更有效、更有力的配合与支持，同时也将供应链金融的巨大收益留给自己。由此可见，产业金融平台所带来的效果与收益是明显而巨大的，那就是更多的资金、更低的成本、更高的效率与更多的收益，以及可以自己掌控的更专业的金融供应链。

在产业生态圈金融赋能领域，产业金融平台其实可以比任何一家金融机构做得更专业，这是因为：

- 它掌握着整个核心企业与供应链和产业链生态圈业务场景的交易信息。它可以随时了解交易的变化、业务发展的动态，以及核心企业对供应链与产业链的管理状况。
- 它可以借助其金融机构的身份在金融资本市场通过同业拆借获得资金，也可以将自己的资产在金融市场转让给其他银行，从而获得更多的资金来支持集团业务的发展。

中国香港的利丰集团就是一个非常值得我们学习的例子：

利丰虽然不从事任何生产，但它在全球为数百个国际品牌提供采购及供应链管理，从中创造了 200 亿美元的销售业绩。它并不把自己定位为贸易中间商，而是定位为供应链管理专家。

很多人在称赞利丰遍布全球的 155 个物流中心和高效的物流供应链管理的同时，却忽略了它在金融供应链领域的发展。在我看来，这才是它未来发展的里程碑式的成功，是建立其三流合一供应链帝国的核心。

在 2010 年前利丰就在新加坡成立了自己的信贷公司——利丰信贷公司（LF Credit Pte Ltd）（见图 13-6）。该公司的角色只有一个，就是从金融市场获取资金，通过金融供应链向其供应链上下游输送资金，这样既能帮助自己扩大销售以及强化与供应商的关系，又能从中获得巨大的收益。㊀

你不难发现，利丰信贷公司所扮演的角色，与一家向其提供供应链金融的商业银行是一样的。你可以说这家信贷公司就是一家银行，只不过它只做供应链金融，只向自己的供应链提供金融赋能。

㊀ 《供应链管理：香港利丰集团的实践》，利丰研究中心，中国人民大学出版社，2009。

问题是，它能比专业的银行做得更好吗？答案是肯定的。

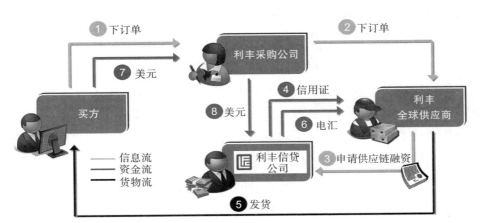

图 13-6 利丰信贷公司扮演的角色

正如我反复强调的，信息流是资金流的基础，是风险评估的依据。利丰在供应链信息的管理和把控上无疑具有得天独厚的优势，这是作为第三方的银行所无法企及的。传统金融机构由于历来只重视静态的财务报表分析和资产抵押，而忽略了对贸易信息的利用，因此无法像利丰那样更好、更高效地把控供应链融资方面的风险。这就是利丰的核心竞争力。

利丰对与它合作的全球买家以及供应商的管理是非常全面、细致与系统化的，有着一套完善的体系。通过将现场管理与在线供应链管理系统相结合，利丰可以随时洞悉其供应链上下游的发展变化以及可能出现的风险。这样的风险把控是更有效、更高效的。

有意思的是，同样是对供应商有着全面、细致、系统化电子化管理的沃尔玛，却不像利丰那样由自己来扮演银行的角色直接做供应链金融。所谓"肥水不流外人田"，难道沃尔玛不知道或不想要这个肥水吗？为什么沃尔玛不像利丰那样成立自己的金融平台直接做供应链金融呢？

这其实与企业决定是自己生产还是将生产外包是一样的道理。问题的关键不在于是否需要外包,而在于外包是否能带来更大的收益和更强的竞争力。从这个视角来看,利丰与沃尔玛所处的地位是大相径庭的。

如同前文所述,以沃尔玛这样有着庞大的规模、顶级的信用评级以及对巨大的供应链的把控能力的企业来说,它可以很轻易地获取全球各大银行的信贷资源,支持其供应链的发展。事实上,每次沃尔玛发出金融需求的投标邀约,都会有无数的银行蜂拥而至,并提供最优解决方案与最低成本的资金。由于沃尔玛的强势以及优势地位,银行之间的竞争完全是同质化的,最终的结果就是谁给的信贷额度更大、谁给的报价更低,谁就中标。当然,基于沃尔玛的巨大业务规模和现金流沉淀,银行中标后所获得的利润与回报也是非常可观的。这就像苹果公司一样,与其自己生产手机,不如将注意力集中在核心竞争力上,而将其他不具备核心竞争力的生产外包给富士康这样的专业代工商,这样做不仅效率更高,而且成本更低。沃尔玛自己成立金融平台就如同让苹果自己生产手机,未必能做得更好,相反,还会失去许多银行向其提供金融资源的积极性。沃尔玛这么做,不仅肥水未流外人田,相反,还获得了更多的肥水。

利丰则不同,它的规模稍逊一筹,其供应链上下游交易对手的金融风险也不是每家金融机构都能直接承受的。利丰凭借自己对供应链的信息化管理,能更好地把控供应链金融的风险,也因此能在该领域比金融机构做得更专业。因此,与其让不够"专业"的银行做其供应链金融,还不如自己成立专业的金融平台自己来做,不仅肥水不流外人田,还能做得更专业、更高效。

如此一来,我们也就不难理解为何利丰要自己来做供应链金融,而沃尔玛则采用与外部银行合作的模式了。

利丰并非先行者。在世界500强企业中,通用电气、UPS、西门子这样的大企业早在十多年前就建立了专业的财务公司或产业银行,为集团提供专业化的金融服务。凭借自己对集团发展的信息流的掌控,它们往往能比银行做得更专业、更有针对性、更高效。

概括而言,产业金融平台的理想管理模型应该具有以下特征:

- 在国际金融市场中搭建具有专业金融管理体系的国际金融与财税管理中心,进而形成具有产业特色的专业的产业金融平台(可以是银行,也可以是财务公司、金融科技公司、商业保理公司、信托公司、私募基金等多元化的非银行金融机构)。
- 整合国际金融市场里的各种金融资源,既可以支持整个企业集团的金融交易与财税管理,提高效率、降低成本,也可以通过专业的产业互联网供应链金融方案,将资金运用到企业集团的供应链与产业链的发展上。
- 仅服务企业自身发展的目标供应链与产业链生态圈。

越来越多的大型企业集团已经意识到产业金融平台的重要性,也在纷纷搭建自己的产融结合体系。尽管尚处于起步阶段,职能定位也并不清晰,专业能力也亟待提高,但毕竟迈出了关键性的一步。

纵观西方近百年的工业发展史,那些像通用电气、利丰、UPS这样很好地实现全球产业链布局、全球资本运作、产融结合的多元化跨国集团不乏其例,从它们身上,我们其实可以学到很多。

我常常将企业在金融领域的发展形象地分成三类(见图13-7)。

新手	行家里手	顶尖高手
凭借自身的财务信用或资产抵押向银行直接借贷 1. 信用不够好? 2. 抵押物不够? 3. 财务报表恶化? 4. 融资成本高?	1. 信用证 2. 商业票据 3. 应收账款保理 4. 应付账款融资 5. 第三方增信:变商业信用为金融机构信用	1. 变流贷为贸易金融或供应链金融 2. 变自融为他融,服务供应链与产业链 3. 变银行间接融资为资本市场自融 4. 变单一资本市场融资为境内外资金联动

图13-7 企业在金融领域的三类发展

（1）新手。

这类企业仅仅懂得如何凭借自身的财务信用或资产抵押向银行直接借贷。它们更多关注的是如何获得资金，而不是如何借助金融工具获得更多的信贷资源，如何改善财务报表。它们更不懂得如何在全球金融市场进行布局，以获取全球金融资源，更不用说如何借助自身资源优势，与供应链上下游分享金融资源、实现合作共赢了。

事实上，即使是那些有着数十年发展历史的行业龙头企业，也仍然停留在新手阶段。这其实是管理层的认知与意识存在问题，与企业规模无关。

（2）行家里手。

比起入门级的新手，这类企业已经有了相当的金融管理能力与认知。它们懂得借助各种金融工具（如信用证/银行票据贴现、应收账款保理、应付账款融资等）来获取资金，并同时改善自身的财务报表，从而获得更多的信贷资源。

然而，它们的视野仍然局限在自身需求上，没有扩大到全球金融市场。

（3）顶尖高手。

这类企业已经发展到相当复杂且先进的程度，它们关注的已经不仅是自身发展所需的资金与财务报表的改善（它们在这方面已经做到了极致），它们更关注如何凭借自身在全球金融市场中的资源，巧妙利用各种金融工具，将资金注入其供应链与产业链中，不仅帮助上下游企业的发展，还帮助自己建立成三流合一的供应链与产业链帝国，如图13-7所示。

我们在前面几章中提到的戴尔、利丰、沃尔玛等跨国企业都是顶尖高手的典型代表。

很多企业也许在规模上已经接近或超过国际大企业了，然而在全球金融资源整合、实现产融结合领域却依然处于发展的初级阶段，亟待加速国际化发展的步伐，不仅要做大，更要做强。

结　语

融合互联网科技与金融资本的时代

写本书之时,正是产业互联网与产融结合蓬勃兴起之时。一时间,市场上充满了各种新科技与金融资本的喧嚣,也冒出了很多满口新名词的"大师",他们通过各种媒体与论坛,煽情地刺激着无数企业家焦虑的神经。

很多发展中国家正在经历一场从低端制造向高端智能制造转型的产业变革,在这一过程中,新科技与新商业模型层出不穷,每个产业都在经历一场整合升级的发展变革,企业家的迷茫与阵痛随处可见,尤其是那些和企业一起成长起来的中小企业家。

2020～2022年,这三年对于很多转型中的中小企业而言,也许是比较煎熬的三年:新冠疫情与复杂动荡的国际局势相互交织,导致业务出现很大的不确定性;而不断出台的各种产业结构宏观调控政策又给很多传统行业带来了变革要求,让很多企业家措手不及。层出不穷的新生事物与商业模型,既充满了巨大的机遇又充满着无限挑战,而过往常用的那套野蛮生长的方式已经不管用了,似乎一切都是新的,稍有迟缓就有可能错失良机。

我写本书,并不只是为了告诉企业家互联网科技与金融资本的重要性,更重要的是,在这个时代的拐点,企业家应该意识到变革的重要性以及时代所带来的巨大机遇。

企业与企业之间的竞争,其本质是供应链与供应链之间的竞争、生态圈与生态圈之间的竞争。所有的竞争,最终都是客户价值与效率之争。企业效率越低,就越有被套利的空间,就越容易被跨界打劫。

产业互联网的本质是供应链管理与生态圈赋能,是核心企业搭建生态圈、驱动产业链整合升级的过程。在产业互联网的推动下,产业带动金融、金融赋能产业、产融结合驱动产业链整合升级的模式已经成为主流,甚至在重构企业的商业模型。

传统企业家一定要牢牢把握产业互联网与产融结合所带来的变革机遇,快速实现向互联网数字化平台化的转型,这既是管理体系与商业模型的变革,也是 DNA 的变革,是"一把手工程"。

天下武功,唯快不破。"变"是这个时代唯一不变的主题,不创新的风险比创新要高很多。

在这个全球化、产业互联网化的时代,我衷心祝福每一位企业家都能够顺势而为,融合互联网科技与金融资本,实现产业互联网数字化的变革,凤凰涅槃。